神奇的奥运故事

[法]莱昂内尔·查莫罗　[法]皮埃尔·拉格鲁●著

周瑛●译

长江出版传媒　长江文艺出版社

图书在版编目（CIP）数据

神奇的奥运故事 ／（法）莱昂内尔·查莫罗，（法）
皮埃尔·拉格鲁著 ；周瑛译. -- 武汉 ：长江文艺出版
社，2024．7. --（百读不厌的经典故事）. -- ISBN
978-7-5702-3655-8

Ⅰ．G811.21-49

中国国家版本馆 CIP 数据核字第 2024TH6336 号

神奇的奥运故事

SHENQI DE AOYUN GUSHI

责任编辑：余慧莹		责任校对：毛季慧	
封面设计：胡冰倩		责任印制：邱 莉 胡丽平	

出版：长江出版传媒 ｜ 长江文艺出版社
地址：武汉市雄楚大街 268 号　　邮编：430070
发行：长江文艺出版社
http://www.cjlap.com
印刷：中印南方印刷有限公司

开本：720 毫米×1000 毫米　　1/16　　印张：13.25
版次：2024 年 7 月第 1 版　　2024 年 7 月第 1 次印刷
字数：116 千字

定价：32.00 元

前 言
Foreword

　　盛大而高贵——这是奥林匹克运动会传递的印象，象征着卓越和完美。这是一场全球人民的盛会，聚集了各大洲的人民，期望带来和平，即传说中的奥林匹克休战期。事实上，在十五天的时间里，一个城市成为世界的中心，活动的魅力让我们几乎忘记了是男女选手在进行奥运会"比赛"！翻开奥林匹克的历史，我们从堪称楷模的壮举说到那些让人可憎的卑鄙行径，从一个美妙的故事说到另一个虽不为人知，却感动、好笑、荒唐、痛苦或悲伤的小故事。运动、运动员、组织者并不比其他的人类伟大或卑微。多亏有了影像的力量，记录下一枚金牌代表的永恒荣誉。但电视转播也可以将那些与奖牌无缘的运动员推到屏幕前：电视花絮循环播放着他们的失败；电影有时候也会讲述他们的经历。我们在这里并不想重复奥运会上人尽皆知的伟大故事，而是更多提及那些令人惊讶、不为人知或是已被遗忘的事情。

霹雳舞被纳入 2024 年巴黎奥运会引起了人们激烈的争论。回忆历届奥运会比赛项目，其中包括了许多十分奇怪的项目：潜泳、槌球①、爬绳、无助跑跳远、拔河、投掷 25.4 公斤石头、翻跟头、双人自行车……

此后，一切都策划和组织得相当完美，运动员的胜利和命运都精确到毫米或毫秒来衡量。当然，情况也不总是如此……在接下来的故事集里，我们想把有关奥运的奇闻轶事展现在人们面前。

所以，人们可知道第一位获得奥运冠军的美国女运动员玛格丽特·阿博特竟然不知道自己参加的是奥运会比赛？还存在着不为人知的奥运冠军？法国首位奥运田径冠军米歇尔·泰阿托其实是比利时人？一名记者偶然成为了奥运冠军？单腿体操运动员乔治·艾瑟获得过多枚奥运会奖牌？1908 年英国运动员温德姆·哈尔斯韦尔不费吹灰之力就获得 400 米的胜利，是因为他的对手全部宣布弃赛？瑞典射击运动员奥斯卡·斯瓦恩以 72 岁高龄获得奖牌？首位因兴奋剂被取消资格的瑞典运动员汉斯-古纳尔·利延沃尔为自己辩护时宣称他只是喝了两份啤酒？皮埃尔·德·顾拜旦本人也是一位奥运冠军，是在一个有待我们发现的"项目"里！

遵守规则和公平竞争是体育比赛的基础，至少理论上是这样。不可思议的是，1904 年马拉松的获胜者有一部分赛程搭乘了汽车；1924 年被主裁判取消资格的意大利击剑运动员奥雷斯特斯·普利蒂

---

① 一种以木槌击木球钻小圈的比赛。

竟然和主裁判决斗；1964 年西班牙拳击运动员瓦伦丁·罗兰将取消他资格的裁判击倒在地。

　　这本书定会让您发掘一些趣闻轶事，我们衷心希望它能让您大吃一惊的同时，也乐上一乐。

目 录

奥运会的历史故事

奥运会是怎么来的?

💡 奥运会经历了哪些发展？

🏅 怎样才能举办一场奥运会？

奥运会中的竞赛故事

🏃 田 径

摔　跤

游泳及跳水

滑 冰

奥运会的历史故事

奥运会是怎么来的？

奥林匹克格言的诞生

众所周知，奥林匹克格言是"Citius, Altius, Fortius"（"更快、更高、更强"）。人们通常认为这是由皮埃尔·德·顾拜旦提出的。但实际上不是，它其实归功于一位名叫亨利·迪东的多米尼加神父。当时的亨利·迪东备受教会和教学法领域认可。1890 年，他受聘于阿尔贝·勒格朗·阿尔克依寄宿学校担任校长，该校学生的学科成绩乏善可陈。迪东神父便进行了教学改革，他的计划主要涉及灵魂、精神的升华及身体的开发三个方面。因此，他在阿尔贝·勒格朗学校组织了一次田径协会锦标赛，并于 1891 年 3 月 7 日，在该赛事的闭幕式上发表讲话。就是这个时候，拉丁语"Citius, Altius, Fortius"成为该校校训。在迪东神父看来，Citius（更快）关乎精神，表现在学业上；Altius（更高）意为灵魂的升华，表现在通往上帝的道路上；Fortius（更强）则关于身体方面，即通过运动打造。不久后，皮埃尔·德·顾拜旦结识了亨利·迪东。迪东帮助顾拜旦在学校、宗教以及世俗机构等组织一些体育竞赛。两人结下了深厚的友谊。"Citius，Altius，Fortius"（"更高、更快、更强"）这句格言深深吸引着顾拜旦，他想从 1894 年起，将之变成奥林匹克格言。1924 年巴黎奥运会上，这句话正式成为奥林匹克格言。

奥林匹克信条

"重在参与"，这个在奥运场合被人们争相重复的句子，以一种精简的方式总结了奥林匹克信条，它诞生于 1908 年伦敦奥运会上，出自宾夕法尼亚主教堂的埃西尔贝特·塔尔博特主教在为运动员布道时的讲话。事实上，在这一届的伦敦奥运会上，美国人和英国人之间发生了一场严重的体育冲突，主要围绕着"奥运冠军战利品"。战利品的想法来自于意大利的欧亨尼奥·布鲁内塔伯爵，此人从 1897 年起成为国际奥委会成员。1907 年，他在海牙召开的国际奥委会例会上提出建议，即在伦敦奥运会上，建立一个参赛国家的排名机制，获奖最多的国家可以收到一尊雅典娜女神的半身雕像，当时他的行李中就携带着这尊雕像。美国人宣称他们一定能够高高举起这个战利品。英国人也以自己的方式进行反驳：他们自己建立规则，任命的裁判全部都是英国人。比赛一开始，美国人就不断提出异议：乱七八糟的撑竿跳比赛规则，掺杂水分的排名机制，英国教练可以

光明正大地指导英国田径选手，而美国教练甚至不允许进入场内！英国评委会否认了这些指控，说其毫无依据。事态随之恶化，而这一届奥运冠军战利品也随即被取消。

1908 年 7 月 19 日，塔尔博特主教出席在伦敦召开的第五届英国国教主教会议，他在圣·保罗大教堂举行的弥撒仪式上为那些争强好胜的运动员布道时宣称："比赛本身胜过那些种族及报酬的问题。圣·保罗教会我们，奖项是没有意义的。我们得到的报酬永不会朽坏，它是不朽的，即使只有一个人能够获得桂冠，所有人也能够一起分享竞赛带来的快乐。"一些忠诚的教徒转述着主教的话语，并将之简化成下面的形式："在奥运会上，获胜不像参加那么重要。"在第四届奥运会上，这次布道并没有引起多大的反响，备受质疑的决定以及各种争吵声不绝于耳。

然而，皮埃尔·德·顾拜旦记住了塔尔博特主教的这句话，并将之改编。1912年斯德哥尔摩奥运会期间，他在一个场合发表简短讲话时说道："奥运会最重要的不是获胜，而是参与，如同生活中最重要的是奋斗，而不是成功。最本质的事情不是征服，而是奋力拼搏。"比起大主教的布道，顾拜旦的讲话也没能引起更大的反响。直到1932年洛杉矶奥运会上，奥林匹克的信条才被认识和认可：开幕式上，人们在大型记分牌上就能看到这句话。

奥运五环的每种颜色并不代表着一个确切的大洲

奥林匹克旗帜，由皮埃尔·德·顾拜旦设计，诞生于1913年。在当时，欧洲局势紧张，民族主义加剧。顾拜旦想要激励世界人民更加团结，以促进和平。就这样，五环交错被公认为代表着世界各地运动员的友好会面，大家因奥林匹克精神而相聚。人们经常说奥运五环的每一种颜色代表着一个确切的大洲：蓝色代表欧洲、黑色代表非洲、黄色代表亚洲、绿色代表大洋洲、红色代表美洲。但以下是皮埃尔·德·顾拜旦本人给出的描述（《文本选读》，1931年）："众所周知，奥林匹克旗帜是白色的，中间是交错的五环，颜色分别为蓝、黄、黑、绿、红。这样的设计极具象征意义，它代表着世界五大洲团结在奥林匹克精神下，上面的六种颜色也是今天飘扬在全世界各国国旗的色调。"可以肯定的是：五环上的每一环代表着一个确切的大洲，并且还联系上一种颜色的说法是错误的。相反，六个颜色（如果算上白色）中至少有一个颜色会出现在当时世界各国的国旗上：每个国家都能在奥林匹克旗帜上认出至少一种属于该国的颜色。第一面奥林匹克旗帜于 1915 年被运送至国际奥委会总部所在的洛桑市政厅。1920 年安特卫普奥运会上第一次升起了奥运会会旗。

奥运会会歌直到 1958 年才被固定

奥运会会歌是由两名希腊艺术家为 1896 年第一届奥林匹克运动会创作的。曲作者是当时声名显赫但后来随着时光流逝而被人遗忘的斯皮里顿·萨马拉斯，词作者则是著名诗人科斯蒂斯·帕拉马斯。但这首原创的奥林匹克歌曲却没能继续奏响。1900 年的巴黎奥运会和 1904 年的圣路易斯奥运会上都没有会歌。1908 年伦敦奥运会上演奏的则是英国国歌。从那以后，每届的奥运组委会在会歌事宜上，都任由举办方自行决定——不演奏歌曲、演奏国歌或者演奏专门为奥运会创作的歌曲都行。

专属会歌的选择总能反映出时代的风貌。到了 1936 年的柏林奥运会，奥运会会歌的作曲任务交给了理查德·斯特劳斯。1948 年伦敦奥运会的组织者选择了创作于 1936 年，由罗杰·奎尔特作曲、鲁德亚德·吉卜林作词的《不为自己而为主》作为会歌。1956 年墨尔本奥运会会歌采用了班达尔的歌词，由于当时想要采用更具国际化的音乐，于是选定了波兰作曲家迈克·斯皮萨卡的十二音体系音乐配乐。但后来围绕着作者的版权问题产生了司法纠葛。因此，1958

年在东京召开的年度会议上，国际奥委会决定自 1960 年罗马奥运会起，将 1896 年由斯皮里顿·萨马拉斯和科斯蒂斯·帕拉马斯创作的曲目正式定为奥林匹克运动会永久性会歌。

奥运会誓言被修改过两次

在每一届的奥运会开幕式上，东道主国家总会有一名运动员负责宣读奥林匹克誓言，即《运动员誓词》。这一传统始于 1920 年安特卫普奥运会，当时是由击剑运动员维克多·鲍恩进行宣誓。下面就是这段誓言的内容，由皮埃尔·德·顾拜旦起草：“代表所有参赛运动员，我宣誓我们参加本次奥运会，尊重并遵守大会各项规则，发扬骑士精神，为祖国争光，为体育争光。”但是后来这段奥运会誓言被修改过。1964 年，带有宗教色彩的动词“宣誓”被动词“承诺”所替代，“为祖国争光”的这种表达民族主义色彩过浓，被改为“为团队争光”。今天的版本定于 1999 年，特意强调运动会杜绝兴奋剂，全文如下：“代表所有参赛运动员，我宣誓我们参加本次奥运会，尊重并遵守大会各项规则，运动中杜绝兴奋剂和毒品，恪守体育道德，为体育争光，为团队争光。”

奥运应急火种

采集奥运圣火是一项极具仪式感的事情。任何事情都不能扰乱它，任何小故障都不被允许发生。因此采取一些预防措施必不可少。

奥运圣火采集仪式由希腊奥组委组织进行，在位于奥林匹亚的赫拉神庙遗址前，利用太阳光集中在凹面镜上引燃火种。但反复无常的天气有可能阻碍仪式的进行，因此，事先会在一个好天气的日子里，根据传统方式引燃"应急火种"，将之存放在一盏应急灯内：如果采集圣火当天没有太阳，它就会被派上用场。

金、银、铜牌的诞生

众所周知，奥运会各项赛事的前三名会被分别授予金、银、铜牌。但情况并非总是如此。1896 年雅典奥运会上，每一位冠军都被授予一枚由法国人儒勒-克雷芒·夏普兰设计的银质奖牌、一根橄榄枝和一张证书；亚军会被授予一枚铜质奖牌、一根桂树枝和一张证书；季军嘛……重在参与就好，这原本就是奥运会本质所在。1900 年巴黎奥运会上，也还不是金、银、铜牌。直到 1904 年的圣路易斯奥运会才决定授予获奖者金、银、铜牌。当时的奖牌是由迭戈斯·克吕斯特公司负责设计，该公司是一家创建于 1898 年的纽约珠宝企业。该设计灵感来自 1896 年雅典奥运会颁发的银牌，奖牌背面有一个宙斯头像，还有张开双翅的胜利女神站在地球上的图案。这就是金、银、铜牌悠久传统的开端。

首次奥运会国家入场仪式

如今的奥运会开幕式往往都是极其宏伟壮观的，各国（地区）的入场仪式也只是这场电视转播表演的一个元素而已。人们通常都不知道其实这个入场仪式并不是一直都有的。实际上，第一次各国（地区）的入场仪式出现在 1908 年的伦敦奥运会上。当年 7 月 13 日，由于阴雨，天空灰蒙蒙的，来自各个国家（地区）的运动员们跟随着各国国旗依次入场。

圣莫里茨奥运会上不可能升起的奥运会会旗

反复无常的天气扰乱了 1928 年圣莫里茨冬奥会的开幕式。开幕式前夜，下起了暴风雪，卷走了用以装饰奥林匹克赛场的旗帜。虽然损坏很快得到了修复，然而开幕式仍在暴风雪天气中举行。但这一切并不能阻止 1200 名体育官员和运动员，他们在各自国家的国旗引领下行进着。然而，主旗杆上奥运会会旗升起时，一个损坏的滑轮阻碍了仪式的正常进行。值得注意的是，这届奥运会的官方报道都对这起意外事件保持缄默。

为什么奥运奖牌上长时间都有古罗马竞技场的图案

1923 年，国际奥委会举办了一次比赛，奖牌雕塑家受邀提交奖牌设计方案，设计的奖牌将从 1928 年阿姆斯特丹奥运会开始，颁发给获胜选手。意大利人朱塞佩·卡西奥利的设计中选。奖牌的正面图案是希腊胜利女神妮可手持花冠，背景则是古罗马竞技场的图案。奖牌的右上方，留出了一个位置用来镌刻奥运会举办城市名称以及奥运会年份。奖牌背面则是人群簇拥下的奥运冠军。朱塞佩·卡西奥利的奖牌正面设计一直没有变动过，直到 2004 年雅典奥运会：希腊奥组委对于他们的神话和历史极为看重，最终用帕纳辛奈科体育场替代了古罗马竞技场，该场地的前身就是 1896 年举办第一届雅典奥运会的地方。另外，从那以后，胜利女神手持物品变成了一个花冠和荆棘……至于背面图案，1972 年慕尼黑奥运会上做了改动。根据一位名为格哈德·马克斯的包豪斯建筑学派艺术家的创意，人群簇拥下的奥运冠军被迪奥斯库勒斯兄弟，即希腊神话里莱达的孪生儿子卡斯托耳和帕洛克斯代替。必须指出的是，从 1972 年起，奖牌反面的图案交由奥运会东道主城市自行选择。

颁奖仪式并不是一直都有的

"只有冠军才风光。"这是 1978 年一名法国水手米歇尔·马利诺夫斯基在参加首届"朗姆之路"比赛失利后的痛苦发声，因为加拿大选手迈克·伯奇战胜了他。但是，奥林匹克运动会上，第二名和第三名的选手同样风光，因为这些被击败的运动员也能够享受登上领奖台的荣誉。领奖台本身就是众多运动员的目标，以至于不得不承认最难接受的就是第四名，因为获得这个名次的选手只能非常可惜地站在领奖台脚下。人们通常认为在领奖台上颁发奖牌的仪式一直存在。然而事实并非如此。授予各赛事前三名选手金、银、铜牌开始于 1904 年的圣路易斯奥运会，但那时候没有任何相关的仪式。到了 1932 年的洛杉矶奥运会，才明确设立了领奖台颁奖仪式。颁奖仪式设在可容纳十万人的巨型体育场——纪念体育场的中央。根据每项赛事的结果，获得奖牌的前三名优胜选手所代表国家的国旗在观众们的掌声中，在主旗杆上缓缓升起。在这个时期，体育场必须规模巨大，这样的安排就是为了让观众能够更好地欣赏颁奖典礼。这次的颁奖典礼是美国人在获得国际奥委会主席亨利·德·巴勒-拉图尔的允许后所设计的，至今都一直存在。

奥运火炬手在墨尔本被圣火烧伤

1956 年墨尔本奥运会的开幕式在炎夏酷暑中举办。年轻的澳大利亚体育之星罗恩·克拉克（19 岁）有幸点燃奥运会主火炬台。在火炬传递期间，奥运火炬的火焰成分本应由己胺和萘组成，但为了使点火仪式的效果更加壮观，火焰成分做了改动：罗恩·克拉克高举的火炬靠镁和铝混合燃烧，这就产生了热反应，燃烧的金属碎片从火炬上掉落下来，引燃了跑道，最后烧伤了这名火炬手的手臂，但他没有表现出任何的痛苦。罗恩·克拉克和奥运会的第一次约会无疑是痛苦的，而接下来的比赛也一样，因为作为 20 世纪 60 年代世界最优秀的中距离赛跑运动员之一，这名澳大利亚选手最终未能

斩获金牌。

当运动员破坏规则

根据传统，奥运会闭幕式上各国（地区）运动员会跟在该国国旗后面进行游行。可是，1956 年墨尔本奥运会期间，由于当时的政治问题总是冒到体育事件前面，一名年轻的华裔澳大利亚人约翰·蓝温偷偷地邀请参加者们改动了这一仪式，他建议所有运动员都抛开国旗，集中在奥林匹克运动场——墨尔本板球场的中央，以此象征各民族的团结……这个创意被保留下来，该做法成为了奥运会闭幕式的传统习俗。

奥运火炬手摔倒

1956 年在科尔蒂纳丹佩佐举办的冬奥会开幕式上，意大利速滑运动员圭多·卡罗利脱颖而出。作为最后一棒火炬手，圭多·卡罗利被一根电视光缆绊住了双脚摔倒在地。不过，奥运圣火幸好没有因此而熄灭。

广岛男孩——和平的象征

1964 年夏季奥运会在东京举办。在奥运会的组织过程中，日本方面期望成为推动和平进程的一分子，从而让人们忘记其痛苦的过去。因此，所有参与火炬传递的人都身穿象征和平的白色衣服。最后一棒火炬手的选择也出于相同的意愿：一位名为坂井义则的运动员被选中，此人出生于 1945 年 8 月 6 日，也就是广岛被"小男孩"原子弹摧毁的同一天。当他高举由柳宗理设计的铝制火炬进入体育场时，引发了人们无比美好的感情。坂井义则被冠以"广岛男孩"的外号。

女王伊丽莎白二世在两个不同的国家为奥运会揭幕

1976 年，女王伊丽莎白二世宣布蒙特利尔奥运会开幕：事实上，尽管加拿大是一个独立的国家，但它依然是君主立宪制国家，伊丽莎白二世才是其官方元首。当然，2012 年的伦敦奥运会也是由伊丽莎白二世揭幕的，这样她就成为了首位在两个不同的国家为奥运会揭幕的人。

当冠军结巴发言……

1984 年的洛杉矶奥运会上，历史上 400 米跨栏项目最伟大的冠军选手爱德温·摩西被选中，在开幕式上宣读奥林匹克誓言。但相比拿起麦克风发言，这位美国运动员在跨越栏杆上更具天赋。这位舞台恐惧患者，先是长时间一言不发，接着竟然结结巴巴地宣读誓言。不过人们还是原谅了他。

被奥林匹克圣火烧死的白鸽

白鸽一直是和平的象征，放飞白鸽是奥运会开幕式上激动人心的时刻之一。直到1988年汉城奥运会，一直都是在点燃圣火之前放飞白鸽。之后就不是这样了。因为在1988年汉城奥运会开幕式上，体育场里一些被放飞的鸽子不幸停在了奥运主火炬台上。当奥运圣火被点燃的时候，这些鸽子在全世界摄像机的拍摄下被活活烧死。一些动物保护者对此大为不爽，奥组委从此决定在点燃圣火之后才放飞白鸽。

最环保的领奖台——冰块领奖台

1994 年，利勒哈默尔冬奥会的组织者希望尽可能保护环境，出于此目的，他们甚至喊出了"白色和绿色奥运"的口号。在他们所采取的措施中，其中一项极具创意：颁奖台由冰块制成，之后还能够变成水加以回收。

汤加旗手在冬奥会上赤膊出场

对有些运动员而言，参加奥运会也许能实现个人的特殊愿望，拥有工程学学士学位、偶尔兼职做模特的皮塔·尼古拉斯·塔乌法托法就实现了自己的愿望。更加厉害的是，夏季奥运会和冬季奥运会他都参加了。他先是练习跆拳道，历经三次失败和数次受伤之后，终于获得了参赛资格。在 2016 年里约热内卢奥运会开幕式上，作为人数极少（只有 7 名）的汤加代表团的旗手，他惊艳了全世界，给众媒体带来莫大的福利。他进场时上半身赤裸，全身涂满了可可油，只穿着"达沃瓦拉"（一种围在腰部的汤加传统编织物）。可在赛场上，他的表现就没那么耀眼了，因为负于伊朗名将萨加德·马尔达尼，他在第一轮就被淘汰。但皮塔·尼古拉斯·塔乌法托法并没有气馁，他又尝试参加 2018 年的平昌冬奥会。他仅仅在 2017 年学习了一年时间的滑雪，2018 年年初，便去冰岛参加了选拔赛，赶在报名截止时间之前获得了代表其国家的参赛资格。通过自己的争取，

他以几乎不太可能的方式获得了 15 公里自由式越野滑雪比赛的资格，并成为了汤加代表团的旗手。在该届冬奥会的开幕式上，他依然赤裸着上半身，全身涂满了可可油——但这次的气温可是 -10℃啊！在 15 公里越野滑雪比赛中，皮塔·尼古拉斯·塔乌法托法最终以倒数第三的成绩完赛，落后于冠军——瑞士的达尼欧·克罗格纳23 分钟。可这并不重要。

奥运会经历了哪些发展？

女子奥运会

1928 年阿姆斯特丹奥运会之前，女性是不被允许参加奥运会田径比赛的。经过激烈的斗争，尤其多亏一位南特的小学女教师——爱丽丝·米莉娅特发起的行动，女性才获得了参赛权。爱丽丝·米莉娅特热爱旅游和运动，并担任法国女子运动员协会联盟主席。从 1919 年起，她就要求皮埃尔·德·顾拜旦允许女性田径运动员参加 1920 年在安特卫普举办的奥运会。后者表示拒绝。但爱丽丝·米莉娅特进行了反击。1921 年，她成立了国际女运动员联盟（FSFI）并担任主席，她决定于 1922 年在巴黎位于万塞纳森林的潘兴体育场举办"女子奥林匹克运动会"。当时身为国际田径联合会（IAAF）主席的西格弗里德·埃德斯特隆对这一场运动感到十分愤慨……此后，爱丽丝·米莉娅特和西格弗里德·埃德斯特隆展开了舌战……虽然这位法国女性拒绝放弃女子比赛，但她还是同意了取消"奥林匹克"这一修饰词。从那以后，国际女运动员联盟成为了国际奥委会再也不能忽视和轻蔑的强大对话者：五个女子田径项目被纳入了1928年的阿姆斯特丹奥运会。

然而，持怀疑态度的爱丽丝·米莉娅特决定将世界女子比赛永久地办下去。1930年，第三届世界女子比赛在布拉格举行：代表着十七个国家的大约270名女性，在六万名观众的掌声中进行了为期四天的对抗。1934年的伦敦世界女子比赛期间，每天有六千多人观看比赛。1932年，六个女子田径项目（100米、80米跨栏、4×100米接力、跳高、铁饼、标枪）被纳入洛杉矶奥运会；1936年的柏林奥运会，所有项目都被保留下来。国际女运动员联盟这时才认为倒退的风险已远去，其斗争取得了胜利，1938年宣布解散。

奥运会上的"黑人权力"运动（Black Power）

1968年10月16日墨西哥城奥运会男子200米领奖台上，当美国国歌奏响的时候，美国黑人选手托米·史密斯和约翰·卡洛斯低着头，高举戴着黑手套的拳头，以此抗议在美国横行的种族压迫，获得第三名的澳大利亚白人选手比特·罗曼也佩戴着"奥林匹克人权计划"徽章。三天后，男子400米比赛的冠、亚、季军：李·伊万斯、拉里·詹姆斯、罗恩·弗里曼戴着黑色贝雷帽登上领奖台，他们也更加慎重地举起拳头来抗议美国的种族歧视。为了利用奥运

会橱窗展示的作用，"黑人权力"运动不请自来。这是一次经过深思熟虑、各方协调并精心准备的行动。一切都诞生于美国大学校园内。在当时种族歧视的背景下，大学的校门对黑人似乎是关闭的。然而，20 世纪 60 年代，却有一些大学"招募"众多的黑人：因为，在美国，体育一直在大学里占有重要的地位，大学的名声有时候不仅来自学生的学科成绩，也同样仰仗于该校运动员的比赛成绩。与白人种族优越主义者期望相反的是，黑人不仅仅满足于在跑道、体育场和体育馆发光出彩，他们也在大学校园里唤起了一种政治意识。这也是为什么在圣何塞州立大学（加利福尼亚），美国黑人大学生的行动更加激烈，尤其是托米·史密斯、约翰·卡洛斯和李·伊万斯均在这所大学学习，这三个人在 1967 年就为黑人学生联盟的建立而积极活动。同时期，在这所大学任教的非裔美国社会学家哈里·爱德华兹参与了起草《奥林匹克人权计划》，大多数美国黑人大学生运动员都加入其中。1968 年 4 月 4 日，马丁·路德·金被暗杀，种族矛盾更加激化，并爆发了一系列骚动。哈里·爱德华兹随即重新提出他早在 1967 年 10 月就发起过的想法：美国黑人选手集体抵制墨西哥城奥运会。运动员们召开多重会议，试图采取共同立场，但抵制这一想法并没有得到一致通过。美国奥林匹克运动官员对此极为焦虑，美国奥组委执行主任埃弗雷特·巴恩斯宣布：开幕式上美国国家队运动员凡是佩戴黑色臂章的一律开除；国际奥组委主席艾弗里·布伦戴奇对此表示支持，并指出"凡是给奥运会带来麻烦的运动员将被立即遣返回国"。在墨西哥城奥运村里，运动员之间结下了友情，"奥林匹克人权计划"的徽章被大范围分发：几乎所有的美国黑人运动员都佩戴该徽章，许多美国白人运动员也团结一致，把徽章佩戴在显眼处。黑人身份得到公认：美国黑人选手去看望非洲选手，此后把他们称为"我们的兄弟"。10 月 14 日，吉姆·海因斯领先于牙买加运动员伦诺克斯·米勒和美国选手查尔斯·格林，获得男子 100 米冠军。对于"黑人权力"运动，这在奥运会历史上可谓是第一个重要的时刻：奖牌颁发仪式上两位美国运动员会采取怎样的态度呢？事实上，颁奖仪式进行得十分顺利：海因斯方面没有任何惊人之举，相反，格林看似激进，但全程表现消极，让人感觉美国黑人选手不会给各项执行带来任何威胁。两天后，史密斯和卡洛斯便有力地驳斥了这种想法……多亏他们的勇气以及奥运会的橱窗作用，所有的年轻人或许都可以为了正义的事业，比那些演说家和斗争家做得更多。通过利用奥运会的媒体宣传，这些运动员不惜牺牲他们的事业，不怕给他们的未来带来危险，敢于在全世界的电视机前展示他们的信念和诉求，所有人都想要成为维护人类尊严的斗士。半个世纪后，美国的种族压迫并未消失："黑人生命也重要"运动（Black Lives Matter）被美国足球运动员科林·卡佩尼克搬至2016年里约热内卢奥运会上，此后2020年被美国及世界更著名的体坛明星更为广泛地传播，让人回忆起1968年的那些诉求，并引起全人类共鸣。

国际奥委会花了八十多年才接纳女性委员

国际奥委会于1894年在巴黎索邦大学成立。一直到1981年，其成员全部为男性。也是这一年，它终于将两名女性吸纳其中：委内瑞拉的弗洛尔·伊萨瓦-丰塞卡以及芬兰的皮尔约·哈格曼。

最高昂的金牌国家奖金

几乎所有的国家都会给他们的奥运奖牌获得者提供奖金。2008年北京奥运会，格鲁吉亚选手在特殊的社会背景下，获得了一笔创纪录的金额。当时，为了激励运动员努力获得冠军让格鲁吉亚国旗在奥运会会场上高高飘扬，其总统米哈伊尔·萨卡什维利许诺给每位金牌选手颁发高达472000欧元的奖金（做一个对比：法国奥运会冠军奖金为50000欧元）。摔跤运动员马努恰尔·科韦克利亚、瑞瓦

兹·明多拉什维利，以及跆拳道运动员伊拉克利·其列基泽最终获得了北京奥运会冠军，他们真的领到了总统许诺的 472000 欧元的奖金吗？谁也不知道……

一则与社交网络作对的奥林匹克法案

2012 年伦敦奥运会上一则法案（《伦敦奥运会和残奥会 2006 年法案》）禁止所有运动员和现场观众在网络上上传拍摄于奥运村内或比赛过程中的照片或视频，也禁止运动员"像记者那样"大肆宣传比赛结果或评论参与者的奖金。然而，这种规定受到了来自运动员本身的攻击。冒着违背奥林匹克宪章和违背赞助商愿望的风险，每个人都在推特网上争先上传……

怎样才能举办一场奥运会?

首届现代奥运会差点不能举行

谁知道乔治奥斯·阿维奥夫?也许知道的人不多……然而,如果没有他,也许就没有现代奥运会。1894年,首届奥运会的举办权授予了雅典,然而希腊当时正处于经济危机当中,资金严重缺乏,承办奥运会的花费却与日俱增。尤其是两年后承担主要赛事的帕纳辛奈科体育场亟待翻修。希腊奥组委主席蒂莫莱昂·菲利蒙想方设法四处寻找资金。他前往埃及去寻求乔治奥斯·阿维奥夫的帮助,此人通过棉花和谷物生意积攒了巨额财富。乔治奥斯·阿维奥夫提供了585000希腊币用于资助帕纳辛奈科体育场的翻修,还追加了415000希腊币用于支付当前的费用。希腊皇室为了感谢他的慷慨解囊,专门为他打造了一尊大理石雕像,就竖立在帕纳辛奈科体育场入口处，并于雅典奥运会开幕的前一天举行揭幕仪式。

耗时 5 个多月的 1900 年巴黎奥运会

第二届奥林匹克运动会于 1900 年在巴黎举行。但对于法国来说，1900 年的大事件当属巴黎世界博览会。博览会的主任专员阿尔弗雷德·皮卡德建议在这种环境下组织"国际体育比赛"，尽可能向最多数的人群开放，以此提升身体活动的科学性和教育性。他得到了法兰西学院教授艾蒂安·朱尔斯·马雷的支持，此人领导着一个

卫生和生理委员会，而该委员会的创办者正是皮卡德。他还得到了政府的支持，将该"比赛"纳入了世界博览会的活动安排中。皮卡德建立了一个由五人组成的委员会，丹尼尔·梅里隆担任主席，负责拟定活动日程。最终，皮卡德的"比赛"更名为"奥运会"。然而，梅里隆并不热衷于体育事务，他提交了一份荒唐且极不符合常规的日程安排。这届"奥运会"从 1900 年 5 月 14 日一直持续到 10 月 28 日，为期 135 天！

根据组织者的意愿，这些比赛应该调动所有的法国年轻人，去对抗在出席世博会的四十个国家中选派出来的外国代表团的选手。根据世博会的报告记载，共有 58731 名参赛者，其中有代表 29 个国家的 1567 名外国人。比赛包括 32 个体育项目，含有赛车、浮空术（气球）、信鸽饲养术、活鸽射击、垂钓、槌球、滚球、筛子上的球、绳索摔跤等，并且分化成众多的比赛（浮空术和信鸽饲养术就有 24 场比赛）。

1900 年世博会取得了真正的成功——阿尔弗雷德·皮卡德编撰了大量的报告进行汇报，题名为《世纪总结》。与此相反的是，这届巴黎奥运会彻底失败：六个月中，比赛都是在最为凌乱的场地进行，国际奥委会甚至不得不逆推出哪些竞赛能被认定为"奥运会"比赛！最终，国际奥委会认定代表 24 个国家的 997 名运动员（其中有 22 名女运动员）参加了本届奥运会，包括 18 个体育项目的 95 场比赛。

第一个奥运村是由木板搭建的

奥运村作为一个重要的元素，一直都是奥运会风景线上不可或缺的一部分。为了符合国际奥委会制定的规格，每个申请举办奥运会的候选城市都要多方面考虑奥运村的建造：环境保护、持续使用、成本费用……然而，奥运村是 1924 年巴黎奥运会期间在极度谨慎中诞生的。在那之前，运动员和官员们都得自行安排住宿，而这对于各国奥组委来说，都是一个沉重的负担。1924 年，科隆布体育场的建筑师路易·福尔-杜加里克将一个用于运动员住宿的村庄加入他的设计中。这个村庄连接体育场，由一个个小木屋组成，屋子被设为三人间。事实上，这就是一个个达到基本舒适标准的小木屋，毫无魅力可言。在村庄的中心位置，尽管只有一块椭圆形简易标牌标志着已进入奥运村内部，但是里面的居民可以享受多种服务：邮局、书店、报刊亭、理发店、洗衣房、护理室、贵重物品保存处等。不过，住在奥运村并不是强制性的要求，因此美国代表队更愿意将他们的住所安排在罗克昆库尔城堡公园里面。

可口可乐来到奥运会

可口可乐公司和奥林匹克运动的合作开始于 1928 年的阿姆斯特丹奥运会。就是在这一届奥运会上，这个苏打水品牌在其总裁罗伯特·伍德拉夫的推动下，第一次向公众推出了他们的清凉型饮品，从此开始了一段长时间有利可图的合作……也是这一年，一艘轮船来到荷兰，船上满载着美国精选产品以及 1000 瓶可口可乐，这些可乐将在奥林匹克体育场周围以及划船赛道沿线的专卖亭里售卖。之后，可口可乐公司在奥运会上加大了主动力度。最终，1996 年在亚特兰大，也就是公司总部所在地，可口可乐豪掷四千万美元，使其成为奥运会官方指定饮料。当时，公司市场部负责人赛尔希奥·齐曼甚至宣布："从 1928 年奥运会开始，有三样东西是不变的：运动员、运动迷以及可口可乐。"

为什么墨尔本奥运会的骑马比赛竟在斯德哥尔摩举行

1949 年，国际奥委会将 1956 年夏季奥运会的举办权交给了墨尔本。但是国际奥委会忽略了一个细节，而出色地捍卫了澳大利亚候选资格的弗朗西斯·约瑟夫·博雷佩尔此前也忘记提醒奥委会注意：一项澳大利亚法律规定，如果马匹未能实行为期 6 个月的隔离检疫，是禁止入境的，哪怕是临时入境也不被允许。澳大利亚政府部门拒绝为奥运会破例。因此，1954 年国际奥委会决定违背奥运会神圣不可侵犯的原则，将第 13 届夏季奥运会的马术比赛举办权交给斯德哥尔摩。

奥运会香烟

为了参与资助 1968 年格勒诺布尔冬奥会，法国政府将两个新的香烟品牌——"伊泽尔"和"格勒诺布尔"香烟推向烟草店进行售卖，就这样，两亿三千万盒火柴被打上了奥林匹克的商标。世道不同，习俗也变了！

抵制洛杉矶奥运会差点让麦当劳破产

1984 年洛杉矶奥运会是首届利用私人资金组织的奥运会，即利用赞助商的直接赞助。其中就包括麦当劳，该公司花费了四百万美元用以投资奥运会游泳池的修建。此外，这家快餐连锁公司决定向其顾客发起一项规模宏大的市场活动。顾客会收到一张对应有每一场比赛的卡片：如果美国选手获得相应比赛的奖牌，就会提供给卡片持有者一份奖品（金牌可兑换一个大汉堡，银牌可兑换一份薯条，铜牌可兑换一瓶苏打水）。公司根据美国队在 1976 年蒙特利尔奥运会上获得的成绩（美国抵制了 1980 年莫斯科奥运会）进行了预测。在蒙特利尔，美国队共计获得 94 枚奖牌（其中 34 枚金牌）。为了使他们的活动能盈利，公司领导人在指望产生差不多的结果，甚至好一点结果的基础上做了预算……然而，1984 年 5 月，克里姆林宫方面决定苏联及其卫星国家抵制洛杉矶奥运会。于是，众多的奖牌任由西方运动员瓜分，从而留在了自己人手里。尤其是美国队竟获得

多达 174 枚奖牌（其中 83 枚金牌）。这个活动最终使麦当劳公司花费巨大，差点在 1984 年奥运会之后破产。

考古发现威胁着雅典奥运会

为了使雅典奥运会各场地的施工顺利进行，希腊经历了众多磨难。因此，2004 年 8 月 13 日，雅典奥组委主席吉安娜·安杰罗普洛斯-扎斯卡拉基在开幕式上宣布："我们以百米冲刺的速度跑了一场马拉松。"奥组委不得不面对众多"常规性"困难（腐败、各部门之间缺乏协调、办事能力欠缺……）。然而，还多出另一件事情：施工期间，由于好几个考古发现（在斯基尼亚斯公元前 2800 年的房子重见天日，在马可波罗市挖掘出好几个迈锡尼及米诺斯时期的坟墓……）而不得不临时中断了一些奥运场馆的建设。

人口最多的国家举办的奥运会

2008 年奥运会在中国北京举办，中国是世界上人口最多的国家，通过举办北京奥运会，可以说极大地促进了奥林匹克运动在全球的普及。奥运圣火第一次在古老而现代的中国熊熊燃烧，使奥林匹克运动更加具有广泛性和全球性，也使这项源自西方的盛会由于融合了中华文明的精髓而具有更加博大精深的内涵，具有更大的感召力、影响力。

北京有着 3000 年建城史、800 年建都史，拥有众多的名胜古迹和丰厚的文化底蕴。它在城市环境最优美的北部兴建了奥林匹克公园，占地 11.59 平方公里，容纳了 44% 的奥运比赛场馆和为奥运会服务的绝大多数设施，连同 6.8 平方公里的森林绿地，非常适合运动员比赛和休息。

北京奥运会的口号是"同一个世界，同一个梦想"，体现了奥林匹克精神实质和普遍价值观——团结、友谊、进步、和谐、参与和梦想，表达了全世界在奥林匹克精神的感召下，追求人类美好未来的共同愿望，也表达了中国人民与世界各国人民共有美好家园，同享文明成果，携手共创未来的理想。

奥运会中的竞赛故事

田 径
Athletics

马拉松比赛是由谁发明的

法国语言学家、古希腊研究家米歇尔·布雷亚尔被后世认为是语义学开创者，其奠基之作为《语义学散文集》（1897 年），对此人们知之甚少，但他在奥林匹克光荣史上起到了至关重要的作用，因为他发明了马拉松比赛。历史记载马拉松战役发生在公元前 490 年。雅典统帅米尔蒂亚德斯率领九千人，战胜了由达蒂斯领导的两万人的波斯大流士一世国王的军队。传说米尔蒂亚德斯命令一位名叫菲利普斯的年轻战士去宣布胜利的消息，这名战士从马拉松平原出发，一路飞跑至雅典。一到雅典，他刚刚向城里的市政官宣布胜利的消息，就倒地不起，筋疲力尽而亡。十九世纪末兴起了一股研究古希腊文化的热潮，米歇尔·布雷亚尔向皮埃尔·德·顾拜旦提出建议，将马拉松比赛纳入 1896 年第一届奥运会的比赛项目。顾拜旦表示他对此极为感兴趣并接受了这一提议。因此，众多伟大的冠军都应该将他们获得的名声中的一部分归功于米歇尔·布雷亚尔……而成千上万的不知名选手也应该将他们在坚持参与这项比赛中所承受的痛苦归于此人。

"跑起来像路易斯"

在日常生活中往往有一些绚丽的表达法用于形容相似的事物。不久前，在法国，当人们在斥责一名粗心的驾驶者时就会咒骂道："你以为自己是方吉奥啊！"在希腊，要形容跑步运动爱好者的狂热时，就会说他们"跑起来像路易斯"。这个表达法当然和在 1896 年第一届雅典奥运会马拉松比赛中夺冠的斯皮里顿·路易斯有关。他的故事与众不同。身为一名卑微的牧羊人，斯皮里顿·路易斯在服兵役的时候展现出跑步方面的一定才能。因此，其所在军团的上校坚持让他去参加马拉松比赛。果然，斯皮里顿·路易斯赢得了比赛。于是希腊国王乔治一世和王位继承人君士坦丁向其表示了热烈的祝贺。在短短几个小时之内，这名牧羊人就成为了全民偶像……

跳远冠军的帽子

1896 年，运动员埃勒里·克拉克在同一届奥运会上同时获得跳远和跳高比赛冠军，不过，在跳远比赛的时候，他采用了一种奇特的战术来为自己做标记。为了确定其起跳位置，他使用的是自己的帽子！在希腊奥运会上担任裁判的希腊王子君士坦丁认为这种人为的举动违反了规则，便拿走了这顶帽子。尽管没有了帽子，埃勒里·克拉克还是在第三次试跳时跳出了 6 米 35 的成绩，而这一成绩也使他成为了奥运冠军。

1896 年马拉松比赛季军有一部分路程搭乘了马车

1896 年雅典奥运会的马拉松比赛可谓是第一届奥运会上最重要的比赛。斯皮里顿·路易斯战胜了他的同胞卡里劳斯·瓦西拉科斯

以及斯皮里顿·贝洛卡斯，获得冠军。但是，获得第四名的匈牙利选手戈尔拉·克尔涅尔在离终点几公里处被一辆马车超越，车上搭载着的正是贝洛卡斯，还有其他的目击者也证实了这一情况。这名19岁的年轻小伙子被取消了资格，这是他经历过的最大的耻辱，也让整个希腊因此而蒙羞。事态甚至惊动了乔治一世国王：作为补偿，这位君主将他的金表送给了戈尔拉·克尔涅尔。

首位法国奥运会田径比赛冠军是卢森堡人

米歇尔·泰阿托是第一个获得奥运会田径比赛冠军的人，在法国体育史上占据着重要的地位。然而，他却不是法国人。米歇尔·泰阿托出生于卢森堡，先是去了英国，接着又到了法国，在位于巴黎郊区的圣·芒代当木工。法国体育协会聘请他做园丁的时候，他开始练习跑步。1900年7月19日，他成为了十六名勇士之一，去参加专门为"业余运动员"举办的马拉松比赛。那一届奥运会和世界博览会同时在巴黎举行。超高气温下，米歇尔·泰阿托小心翼翼地出发了，超过了一个又一个对手，最后战胜法国选手埃米尔·尚皮奥获得冠军。由于那个年代，人们是以个人名义报名参加比赛，米歇尔·泰阿托被认为是法国人。比利时公国在几十年后才向国际奥委会提出申诉。2004年，这项申诉最终被驳回，因此，奥运获奖名单再没有被更改过。

链球飞向了观众席

1900 年巴黎奥运会链球比赛受到了观众极大的关注。当时，三名美国运动员已经习惯了控制力量，而另外两名参赛选手——瑞典的埃里克·莱明和卡尔·古斯塔夫·斯塔夫对技术的掌握欠佳，他们差到没有任何一次投掷是有效的。刚开始的时候，每当看到这两名笨拙的瑞典运动员拿起链球，观众们都觉得很搞笑，可很快他们就失去了好脾气，因为好几次，瑞典选手的链球都朝着人群的方向扔了过来，这不由得引起了恐慌！此外，参赛者还受到了一棵位于投掷场地不远处的树的干扰。美国著名投手约翰·弗拉纳根甚至在

链球比赛上，
你还不如一颗钉
子值钱！

一次投掷中，眼睁睁地看着他的链球挂在了树枝上！最后，凭借着51米01的成绩，他的第四次试投成功，获得了胜利。

患脊髓灰质炎的无助跑跳跃冠军

在被奥运会遗忘的比赛项目中，就包括 1900 年至 1912 年的无助跑跳跃项目。该项目的佼佼者是一名美国人——雷·尤里。他早在 12 岁的时候患有脊髓灰质炎，为了减轻他的残疾，医生建议他进行康复课程治疗。雷·尤里加倍练习，当然都是一些静态的练习，直至他的双腿恢复功能。这几个月的强制训练使他找到了无助跑跳跃作为其体育职业生涯的方向。雷·尤里在 1900 年巴黎奥运会和 1904 年圣路易斯奥运会上，共获得三次无助跑跳跃冠军（跳高、跳远、三级跳）。在 1908 年伦敦奥运会上他又包揽了两枚金牌（跳高、跳远），因为无助跑三级跳项目之前已经被取消了。作为被遗忘已久的奥运冠军，有着优异表现的雷·尤里直到 1983 年才被重新认可其价值：美国奥运名人堂运动员名单首页，他的名字赫然在列，就位于另外两名运动员——杰西·欧文斯和鲍勃·比蒙中间。

被观众剥夺的世界纪录！

1900 年巴黎奥运会田径比赛在位于布洛涅森林的克鲁瓦·卡特兰体育场举行，这是一个不太适合比赛的体育场：500 米长的被草覆盖的椭圆形跑道、没有用以跳跃的沙坑、观众在台阶外观看比赛……这一届奥运会最闪耀的明星之一就是美国运动员欧文·巴克斯特，他获得了两枚金牌（跳高、撑竿跳）以及无助跑跳跃比赛的三枚银牌（跳高、跳远、三级跳）。他在跳高比赛中的表现尤为精彩，因为他跳过了1米90的高度。在确保已经获得冠军的前提下，他决定向世界纪录发起挑战，随即要求将横杆抬升至1米95的高度。然而对他过分热情和崇拜的观众都想要最近距离地目睹这一壮举，于是人群涌进了跳高场地……被困在喧嚣人群里的欧文·巴克斯特决定放弃并终止自己的比赛，因为他已经不可能起跳了。

搭乘汽车的马拉松比赛

1904年圣路易斯奥运会的马拉松比赛期间，发生了一个小插曲，美国运动员弗雷德·洛兹竟然搭乘了汽车！在比赛临近结束的时候，弗雷德·洛兹第一个跑进体育场，他甚至被拍到和前来表示祝贺的美国总统千金爱丽丝·罗斯福一起。轮到美国另一名选手托马斯·希克斯进入体育场时，此人已经累得摇摇晃晃。他显得十分惊讶，因为他的教练查理斯·卢卡斯事先已经向他明确表示他处于领先位置。真相很快被揭示了。洛兹声称他在比赛进行了10公里的时候腿开始抽筋，便上了一名富有同情心的司机的汽车，从而超过了大部队；在距离体育场几公里的地方，洛兹认为自己感觉好一点了，便下来跑步。很快洛兹便被取消了资格，希克斯获得了金牌。值得注意的是，托马斯·希克斯此前被他的同行者多次搀扶，为了克服比赛中出现的体力衰退，他还注射了硫酸马来霉素，并喝下了满满几大杯法国白兰地酒。放在今天，他也会因为使用兴奋剂被取消资格。

曾因"体质虚弱"而不及格的奥运会冠军

美国运动员梅尔文·谢泼德在 1908 年和 1912 年的奥运会上表现突出，在中长跑和接力比赛中一举夺得了四枚金牌和一枚银牌。梅尔文·谢泼德之前是一家玻璃工厂的工人，一直想要加入纽约警察局。但警察局没有接受他加入警察的行列，理由竟然是他"体质虚弱"！而这所谓的体质虚弱既未能阻止他在奥运会上散发光彩，也未能阻止他参加第一次世界大战。

运动员被取消资格是柯南·道尔引起的？

1908 年，伦敦奥组委希望对王室的鼎力支持表示感谢。出于这个目的，他们希望由国王爱德华七世在温莎城堡为马拉松比赛发起跑令。但是有一项规定，禁止国王陛下站在城堡的广场上。人们轻而易举地绕过了这个难点，那就是参赛者从皇家城堡院内出发。同样出于表示感谢，终点线被定在了谢尔弗德丛林体育场皇家休息室的前面。因此，这次比赛的确切距离为 26 英里 385 码，即 42.195 公里。1921 年，国际田径联合会正式将马拉松比赛的距离定为 42.195 公里。分别在起点和终点增加了几码距离的这届奥运会至关重要。

事实上，这届伦敦奥运会马拉松比赛的冲刺很富有戏剧色彩。

意大利运动员多兰多·彼得里第一个进入体育场。但因为体力耗尽，他踉踉跄跄，并且弄错了方向摔倒在地。官员们将他扶了起来，并给他指出了皇家休息室的方向。仿佛一具傀儡的他在跑了70米后又摔倒了，他自己站了起来，接着又倒地，然后又再次站起来出发。跑了15米后，他又摔倒了。有两个人抬起了他的双腿，支撑着他一直到了终点。第二天，多兰多·彼得里因为"利用了未经许可的外力协助"而被取消资格。根据一些媒体报道，协助他的两人之一名叫阿瑟·柯南·道尔，也就是大名鼎鼎的福尔摩斯系列侦探小说的作者。然而事实真相未经证明。难道要大侦探福尔摩斯来探案吗？

400米决赛跑道上唯一的选手

1908年7月25日，英国运动员温达姆·哈尔斯韦尔以一种最奇特的方式获得了400米比赛的冠军：他是跑道上唯一的选手！事实上，在7月23日的决赛中，温达姆·哈尔斯韦尔处于领先位置，但美国选手约翰·卡朋特追了上来，并用手肘猛地打了一下他从而把他赶开，这一举动为他的同胞威廉姆斯·罗宾斯和约翰·泰勒"打开了方便之门"。评委会立即取消了比赛，并在取消卡朋特的比赛资格后决定两天后再重新比赛。为了对这项决定表示抗议，另外两名美国选手宣布弃权。因此7月25日决赛的四名选手中有三名缺席。就这样，温达姆·哈尔斯韦尔在没有任何对手的情况下，独自一人在跑道上奔跑，从而获得了金牌。除开这个小故事，这次事件还产生了一些额外的重要结果。为了避免此类推搡，人们后来为400米比赛专门设置了分道。然而，比预期更快地建立起一个规则保障组织并使之良好运转显得必不可少。因此，就在 1908 年奥运会结束之后，国际田径联合会成立了。

奥运会上的左右手积分投

重新回到奥运会的比赛项目中，我们可以发现一些奇闻趣事。1912 年斯德哥尔摩奥运会的田径比赛项目中就包括左右手积分投这一奇怪的比赛。这次比赛中，组织者别出心裁地规定采用正常投和左右手积分投两种方法。美国运动员拉尔夫·罗斯在铅球项目中夺冠（一只手 15 米 23，另一只手 12 米 47）。芬兰选手阿玛斯·泰帕莱获得铁饼比赛冠军（一只手 44 米 68，另一只手 38 米 18）。另一名芬兰选手朱利叶斯·萨利斯托摘得标枪比赛桂冠（一只手 61 米 00，另一只手 48 米 42）。值得注意的是，在左右手积分投比赛时朱利叶斯·萨利斯托用右臂掷出的 61 米 00 的成绩打破了标枪比赛的世界纪录，该成绩本应该理所当然地使他获得"传统"标枪比赛的金牌，可他却眼睁睁地看着瑞典选手在正常投中取得了胜利（60 米 64），领先于自己（朱利叶斯·萨利斯托在该比赛中投出 58 米 66）。

他花了五十四年多才完成马拉松比赛！

1912 年斯德哥尔摩奥运会的马拉松比赛可谓是奥运历史上最艰难的一次比赛：参赛者在烈日下出发，他们中超过一半的人放弃了

比赛。整个比赛状况百出，年轻的葡萄牙运动员弗朗西斯科·拉萨罗（24岁）就因为中暑被送进了医院。至于日本运动员鹿栗志三，他虽然出发了，但未能跨越终点线。然而，他并不属于在比赛过程中被组织者抬走而且最终宣布放弃比赛的那32名马拉松选手，因为他失踪了！警方出发去找他却未能找到，鹿栗志三很快就有了"斯德哥尔摩失踪人口"的外号。谣言四起：一些人说在城市的街头看到他正踉跄着寻找奥运会体育场的入口，另一些人却说看到两名当地的美女正陪他在喝酒。时间渐渐过去，人们停止了寻找，之后他就被淡忘了。实际上，当时筋疲力尽的鹿栗志三向一名观众讨水喝，这名富有同情心的观众给他提供了一杯水。他感觉好了一点，看到他体力耗尽的身体状态，该观众又给了他一张床用来休息。鹿栗志三答应躺一会儿，但他却熟睡过去，直到第二天早上才醒来！在离开梦神怀抱的时候，羞愧交加的鹿栗志三打算不再返回自己的国家。最终，他尤为谨慎地登上了一艘即将从瑞典驶往日本的轮船。然而，1912 年这次不幸的遭遇已经深深地伤害了他。就这样，1967 年，当时 76 岁高龄的他重回斯德哥尔摩，并决定完成那次的马拉松比赛：他被引领着进入奥林匹克体育馆，在惊讶的人群面前一路小跑，之后越过了终点线，这离他当年出发已经时隔了 54 年 8 个月 6 天 8 小时 32 分 20 秒！

查理·帕多克的"跳冲"

美国选手查理·帕多克当属 20 世纪 20 年代全世界最优秀的短跑运动员之一。他在安特卫普奥运会上获得了 100 米和 4×100 米接力比赛的两枚金牌。作为一名身材矮胖（1 米 72，75 公斤）的短跑选手，他在比赛末尾时有一个特色，那就是在离终点线 3 到 4 米的时候，他会猛地跳一下，而不是像大多数短跑运动员那样冲刺（将上半身向前倾斜）。这会不会就是他有着优异表现的秘诀呢？答案或许是否定的，因为空气动力学原理证明这种向前跳跃其实会减慢他的速度。可长久以来，这种技术对于他来说却大有必要，而且查理·帕多克的"跳冲"提供了无数让世人惊叹的照片。

比赛开始前他刚从餐桌出发……

　　1920 年安特卫普奥运会上，法国运动员约瑟夫·吉耶蒙出乎世人的意料，战胜了芬兰选手帕沃·努尔米，获得 5000 米比赛的胜利。他打算在三天后的 10000 米比赛中再创佳绩。但是比赛的出发时间提前了。吉耶蒙直到最后一刻才得知消息，而他刚从餐桌边离开……他迅速穿上跑鞋，急匆匆地前往体育场。他向帕沃·努尔米

发起猛烈的竞争，但还是略逊一筹。如果没有这次时间上的偶然，或许他的银牌会变成金牌吧？

年龄最大的奥运会田径比赛冠军

奥运会不但能提供奇特的比赛，也能造就令人惊叹的人物命运。1920 年安特卫普奥运会就将两者集于一身。因为，田径比赛项目中包括一项让人惊讶的比赛——投掷 25.4 公斤石头比赛。获胜者是美国运动员帕特里克·麦克唐纳德，这位冰岛裔美国巨人在他 42 岁的时候投出了 11 米 265 的成绩。这次胜利使他成为年龄最大的奥运会田径比赛冠军。此外，他还获得了一个绰号：此前他的外号是"麦克胖大叔"，现在变成了"老警察"（他曾经在纽约警察局工作，专门负责时代广场的安全）。八年前的斯德哥尔摩奥运会上，他曾战胜绰号为"大象宝宝"的同胞拉尔夫·罗斯，获得铅球比赛的胜利。最后，值得注意的是，帕特里克·麦克唐纳德在两届奥运会的开幕式上（1920 年和 1924 年）连续担任美国代表团的旗手，这种荣誉是极为罕见的。

没有听见发令枪声！

美国短跑名将洛伦·默奇森因为其具有"炮弹般冲力"的起跑

而闻名，这个优点使他多次创造了 50 码及 60 码①室内比赛的世界纪录。然而，充满讽刺意味的是，在 1920 年安特卫普奥运会 100 米决赛中，他没有弄清楚发令员的指令，过早起身，未能正确起跑。比赛刚一开始就结束了：他获得了第六名即倒数第一，冠军是他的同胞查理·帕多克。后者宣称他一直认为洛伦·默奇森是那个年代最优秀的短跑运动员之一，也是历史上起跑最快的运动员之一，而这一言论使洛伦·默奇森在安特卫普奥运会上的不幸遭遇变得更加痛苦。不过，这都不算什么，因为洛伦·默奇森于 1925 年不幸患上脑膜炎，最终导致他终身瘫痪。

替补运动员不大可能的胜利

艾伦·伍德林本不应该参加奥运会。因为他在 1920 年安特卫普奥运会 200 米比赛的选拔赛上只获得第五名。不过他还是作为替补运动员展开了他的欧洲之旅。因为第四名的乔治·马森盖尔受了伤，艾伦·伍德林替补出场。由于他的跑鞋已经不能用了，他向另一名参赛者借了一双。出乎众人的意料，这位"鞋子不合脚的替补"领先于最有希望获胜的同胞查理·帕多克，赢得了比赛，但两人录入的时间是一样的（22 秒 0）。几天前，查理·帕多克才获得 100 米比赛的胜利。伍德林甚至认为帕多克是故意让他赢的！

---

①码：英美制长度单位，相当于 0.914 米。

获得奥运会奖牌的演员

很多电影发烧友都认识布鲁斯·贝内特，他自 20 世纪 40 年代起就在好莱坞赫赫有名。但人们却鲜少知道他以真名赫尔曼·布里克斯参加并获得过阿姆斯特丹奥运会的奖牌。1928 年，他在铅球比赛中摘得银牌（15 米 75），仅仅落后于他的同胞约翰·库克（15 米 87）。赫尔曼·布里克斯继续努力，他在 1932 年投出了他的最好成绩（16 米 07）。可惜的是，他没能入选参加洛杉矶奥运会，从而结束了自己的体育生涯。从 1931 年起，米高梅公司选择他在电影中饰演塔兰一角，可是，因为在拍摄一部影片中骨折受伤，赫尔曼·布里克斯不得不放弃此角色，后来米高梅公司把这个角色给了约翰尼·魏斯穆勒，后者一举成名。不过，赫尔曼·布里克斯还是出演了好几部影片。之后，他签约哥伦比亚电影公司，并于 1939 年更名为布鲁斯·贝内特，开始其漫长的演员职业生涯。

她"死而复生"并获得一枚金牌

1928 年奥运会首位女子 100 米短跑冠军得主贝蒂·罗宾逊的命运可谓非同寻常。这位年轻的女运动员（17 岁）仅在阿姆斯特丹奥运会开始的前一年开始参加 100 米短跑比赛，接着她便于 1928 年 6 月打破了世界纪录（12 秒 0）。她战胜了加拿大全能选手范妮·罗森菲尔德以及埃塞尔·史密斯，获得了金牌（12 秒 2）。在该届奥运会上，她还为美国队获得了 4×100 米接力比赛的银牌。1931 年，她的命运突然转变：在一次空难中，她被认定死亡，直到被送到太平间，人们才发现她还活着！她陷入昏迷七个月之久。而后，顽强的她重新恢复训练，但是，因伤致残的她已经无法下蹲，从而不可能完成 100 米短跑比赛的起跑动作。不过她还可以参加接力比赛，因为选手是站立着交接接力棒的。就这样，贝蒂·罗宾逊入选美国队，参加 1936 年柏林奥运会 4×100 米接力比赛。当时处于领先位置的德国选手因接力棒脱落而放弃比赛，而贝蒂·罗宾逊和海伦·斯蒂芬斯则进行了完美的交接。在获得奥运会第二块金牌之后，海伦·斯蒂芬斯的田径运动员生涯画上了句号。

脱不下的跑鞋

曾经是出租车司机的美国田径运动员乔伊·雷先后参加了 1920 年安特卫普奥运会、1924 年巴黎奥运会和 1928 年阿姆斯特丹奥运会。他只在 1924 年的 3000 米团体比赛中获得一枚奖牌，并且是铜牌。1928 年阿姆斯特丹奥运会上，他参加了马拉松比赛并获得第五名。可是，到达终点后，他的双脚严重肿胀，已经不可能脱下跑鞋，最后不得不把鞋子切开！1928 年的另一项记载中说他参加了一场舞蹈马拉松，这是一场耗时超过 1700 小时的比赛，后来还被薛尼·波勒拍成了电影《我们驯服了骏马》（1969 年），不过故事里没有提及他鞋子的状况。

体坛全能女王被一项奇怪的规则打败

美国女运动员迪德里克森可谓是 1932 年洛杉矶奥运会上的女王。她共获得两枚金牌（标枪、80 米跨栏）和一枚银牌（跳高）。然而，后面这一块奖牌本应该是金牌。实际上，她和她的同胞让·希利一样，都跳过了 1 米 65，打破了世界纪录。两名年轻女运动员谁也没能超过 1 米 68 的高度。在为了区分出两名平局选手谁是优胜者的决胜赛上，横杆最终被放置在 1 米 67 的位置。然而，两名选手都跳过了横杆！和让·希利不同的是，迪德里克森采用了一种被称为"加州卷"的非常规技术。评审委员会突然判定迪德里克森动作不符合规范，因为其头部先于身体超过横杆，于是让·希利被宣布成为奥运会冠军。

3000 米障碍赛多跑了一圈

在 1932 年洛杉矶奥运会的 3000 米障碍赛上，发生了奥运历史上因为粗心大意而引发的一个插曲。芬兰运动员沃尔马里·伊索-霍洛大幅度领先其他竞争对手夺冠，可计时（10 分 33 秒 4）却显示这一成绩相当平庸，远远不如他平时的纪录。原来，比起专注于他们的工作，官员们更忙着去欣赏这名芬兰选手的步幅，导致在他跑完 3000 米之后，官员们忘记敲响宣布最后一圈的钟声。沃尔马里·伊索-霍洛实际上跑了 3460 米！值得补充的是，在多跑一圈之前处于第二名的美国选手乔·麦克唐纳德后来被英国选手汤姆·埃文森反超，从而银牌变成了铜牌。

"友谊奖牌"

柏林奥运会撑竿跳比赛冠军由美国运动员厄尔·梅多斯获得（4米35）。日本选手西田修平和大江季雄也都跳过了4米25的高度。此外，两人在多次试跳后成绩并列。他们拒绝了两个赛成平局的对手间的决胜赛：评审委员会最终判定西田修平获得银牌、大江季雄获得铜牌。后来，这两名日本选手将他们的奖牌切割并焊接，最终每人保留了一枚独特的一半是银牌一半是铜牌的奖牌，并称之为"友谊奖牌"。不久后，西田修平成为了裁判：在新的裁判生涯里，他会经历一样奇特的情况吗？我们不得而知，但也许他会颁发两枚银牌，以此来纪念他的朋友大江季雄，后者死于1941年的太平洋战争。

奥运会冠军被迫和马一起跑比赛

杰西·欧文斯的荣誉是永恒的。然而，在最后一次柏林夺冠不久，他就被勒令参加巡回会议，不是为自己赚钱，而是帮助美国田径联合会赚钱，因为利用奥运会冠军头衔为自己谋利是被禁止的。五天之内要参加八场比赛的杰西·欧文斯拒绝参加这次巡回会议。制裁下来了：美国奥委会主席艾弗里·布伦戴奇取消了杰西·欧文斯参加一切官方比赛的资格，尽管他曾经是奥运会冠军。杰西·欧文斯的运动生涯结束了（23岁）。柏林英雄只得想方设法谋生。就这样，为了2000美元的奖金，他接受了在哈瓦那和马进行跑步比赛。有趣的是，这场可笑的比赛可以提前40码距离出发，如果获胜，就能得到相当于奥运会四倍的奖金。

抒情歌手成为了奥运冠军

对于许多人来说，从事体育生涯意味着在其他方面都得止步。但并不是所有人的情况都如此。芬兰运动员塔皮奥·劳塔瓦拉就是最好的例子。此人在田径赛场的标枪比赛中大放异彩，可除此之外，他还是一名优秀的弓箭手（1958 年他夺得射箭团体赛的世界冠军）。1948 年伦敦奥运会上，他在标枪比赛中取得胜利。塔皮奥·劳塔瓦拉还是一名极具才能的抒情歌手：歌手生涯中，他一共录制了 340 首歌曲，并取得了极大的成功。他还获得过三张金唱片奖。值得补充的是，塔皮奥·劳塔瓦拉还从事了一小部分的演员工作：他参演过二十来部芬兰电影。

黑人女性运动员成为可口可乐代言人

爱丽丝·科奇曼以自己的方式被载入了奥运会的历史，从而成为社会及世界进步的象征。她是第一位荣获奥运会冠军的黑人女性：1948 年伦敦奥运会上，她获得了跳高比赛的胜利。此外，也是在这一年，她为美国女子田径队带回了唯一一枚金牌。因此，在本届奥运会之后，政治阶层给予了爱丽丝·科奇曼极大的荣誉。然而，直到 1952 年爱丽丝·科奇曼才真正出名：她成为可口可乐公司聘用的第一位黑人女性，为其拍摄广告。

同一天夺冠的运动员夫妇

美妙的故事总是能让人激动不已。达娜·英格罗瓦（结婚后随夫姓扎托佩克）和著名运动员埃米尔·扎托佩克于 1922 年 9 月 19 日同一天出生。1952 年 7 月 24 日，赫尔辛基奥运会男子 5000 米比赛和女子标枪比赛也于同一天举行。被称作"捷克火车头"的埃米尔·扎托佩克在这场载入史册的 5000 米比赛中获得冠军。达娜·英格罗瓦也在标枪比赛中获胜。同一天出生的扎托佩克夫妇也在同一天获得奥运会金牌。

幸运运动衫的传递

1952 年赫尔辛基奥运会，美国运动员表现抢眼，在铅球、铁饼和标枪比赛中全部拔得头筹。身穿幸运运动衫的帕里·奥布莱恩率先于 7 月 21 日开始这一夺冠系列，他在铅球比赛首投便获得胜利并打破了奥运会纪录（17 米 41）。他答应将这件幸运衫借给次日进行铁饼比赛的同胞西姆·英尼斯，后者凭借 55 米 03 的成绩获得金牌，同时他也打破了奥运会纪录。两天后举行的标枪比赛中，没有多大夺冠希望的赛·扬继承了这件运动衫，竟然也摘得金牌并打破奥运会纪录（73 米 78）。

光脚比赛的马拉松冠军

1960 年罗马奥运会上，埃塞俄比亚运动员阿贝贝·比基拉获得马拉松比赛的冠军。这一壮举被载入史册，因为这象征着非洲体育的崛起。这名瘦高的运动员竟然是光脚比赛，这让人更加惊叹不已。四年后的东京奥运会上，阿贝贝·比基拉再次在马拉松比赛上卫冕。但这一次，他是穿着鞋跑的：一个著名的运动品牌悄悄地资助了他，让他穿着带有其标志的鞋子进行比赛。

福斯伯里并没有发明"福斯伯里跳（背越式跳高）"

1968年墨西哥城奥运会上，一名跳高选手让所有观众惊愕不已，他就是凭借2米24的成绩夺得跳高冠军的美国运动员迪克·福斯伯里。弧线助跑，依靠离横杠较远的那只脚的推动力，抬升另一条腿，身体自然旋转，背部越过横杆。一项新的跳高技术就此诞生，并被命名为"福斯伯里跳"，以此来纪念它的发明者。然而，"福斯伯里跳"并不是迪克·福斯伯里发明的。第一个运用这种背越式跳法的是一名美国田径运动员布鲁斯·全德，他于1959年发明了这种跳法。此外，加拿大跳高运动员戴比·布里尔也曾采用过这种与背越式跳法相同的技术，被称为"布里尔弯"，后来福斯伯里进一步完善了这一动作。20世纪70年代中期开始，所有跳高运动员都采用"福斯伯里跳"。至于布鲁斯·全德，却被人们遗忘。而戴比·布里尔则参加过两届奥运会，1972年位列第八，1984年获得第五。

持国旗绕场一周的发明

现在的体育场上，每场比赛结束之后，总会上演相同的场景：冠军，也包括银牌和铜牌的获得者会身披国旗绕场一周以示荣誉。没有人会抵触这个传统。人们甚至认为这种绕场一周的荣誉，就和在冠军国家的国歌声中颁发奖牌一样，也属于奥运仪式的一部分。这种在后来通常被认为并不是出于自发本能的表达喜悦之情的方式，当属 1984 年洛杉矶奥运会期间最为突出。在这届奥运会上，卡尔·刘易斯及其同胞取得多次胜利。每一次美国选手获得胜利之后，星条旗总会出现，全世界的电视上都能看到。但这项传统并不是从这届奥运会开始的。事实上，始于 1972 年慕尼黑奥运会，乌干达选手约翰·阿基伊-布阿在 400 米跨栏比赛中意外夺冠。赛后欣喜若狂的约翰·阿基伊-布阿继续一路小跑并跨越了好几个栏杆。巨大的欢呼声伴随着他。于是他开始做出了原本不太可能的绕场一周动作，以此感谢慕尼黑的观众。在跑了几米之后，他靠近一队挥舞着乌干达国旗的支持者。他夺过国旗，一边挥舞着国旗，一边绕场一周。在此之前，还没有人会多跑一圈来表达喜悦之情。"我完全没有思考过自己所做的事情。我赢了，我不希望停下来。我想要感谢所有的人。"约翰·阿基伊-布阿事后说道。

倒霉的吉姆·瑞安

美国田径运动员吉姆·瑞安可能是 20 世纪 60 年代末至 70 年代初世界上最著名的中长跑运动员。他创造过两次纪录，并于 1966 年打破了 1500 米的世界纪录（3 分 33 秒 1），原纪录是由澳大利亚选手赫伯·埃利奥特在 1960 年罗马奥运会上创造的（3 分 35 秒 6）。吉姆·瑞安 18 岁的时候，第一次参加 1964 年东京奥运会，那时的他并没有什么远大的抱负（他在半决赛就被淘汰了）。四年之后的墨西哥城奥运会，他成为 1500 米比赛的夺冠热门，但还是输给了肯尼亚运动员基普乔格·基诺。其中有两个原因，一方面，来自高原的非洲选手比起来自平原的运动员更加适应墨西哥城的海拔高度；另一方面，基普乔格·基诺采取了一种极具勇气、出人意料的战术：他从比赛一开始就处于领跑位置，并设定了一个持续的步伐。吉姆·瑞安对这样的攻势并没有采取回应，因为所有人都认为这是一种自杀式跑法，但基普乔格·基诺成功地坚持到了最后，瑞安只能摘得银牌，而在此之前，这名肯尼亚选手从来没有赢过他。又过了四年，到了慕尼黑奥运会，吉姆·瑞安希望一雪前耻。哎呀！在预赛第一圈他就被挤在了出发的人群中并摔倒在地，只排在了第九位而被淘汰出局（只有每一局的前五名选手才能进入半决赛）。吉姆·瑞安这次又失败了，未能守住自己的机会。他的奥林匹克之旅也因为这次摔倒而终结……

正要实现人生壮举的运动员摔倒了

东德运动员弗兰克·鲍曼也是历届奥运会不幸的选手之一。在1976年蒙特利尔奥运会之前，弗兰克·鲍曼并没有什么突出的表现，3000米障碍跑比赛金牌的争夺似乎会在瑞典选手安德斯·加德鲁德和波兰选手布罗尼斯瓦夫·马林诺夫斯基之间展开。但出乎意料的是，在跨越最后一个栏杆的时候，弗兰克·鲍曼处于领先，胜利在望……然而他却被最后一个栏杆钩住，摔倒在地。赛事明朗化了，安德斯·加德鲁德夺冠并打破了世界纪录（8分8秒03），布罗尼斯瓦夫·马林诺夫斯基获得银牌，而可怜的弗兰克·鲍曼仅仅获得铜牌。而这以后，弗兰克·鲍曼再也没有任何突出的表现。他甚至都没能在民主德国的锦标赛上取得胜利。他所有的运气就在那一天消失殆尽……

因为法国体联忘记报名而未能参加奥运会

布鲁诺·玛丽-罗斯是 20 世纪 80 年代末至 90 年代初法国最优秀的短跑运动员之一。他在 1987 年室内 200 米的比赛中创造了世界纪录（20 秒 36），1988 年汉城奥运会他的表现同样突出，进入 200米决赛，还和他的队友吉尔斯·奎内赫夫、马克斯·莫里涅尔、丹尼尔·桑古马一起，在 4 × 100 米接力赛上摘得铜牌。1990 年，在斯普利特欧洲锦标赛上，他又同马克斯·莫里涅尔、丹尼尔·桑古马、让-查尔斯·特鲁阿巴尔一道，打破了原来由美国队保持的 4×100 米接力赛的世界纪录（37 秒 79）。他希望在 1992 年巴塞罗那奥运会上大放异彩，但是伤病打乱了他的准备工作：他于四月份做了跟腱手术，不过他还是实现了自己的最低要求，那就是参加本赛季最后阶段的奥运会，他就在报名通道关闭的前几天报了名。到了现场后，他大失所望。比赛的前一天，国家技术官员来看望他并说道："我们麻烦了。你的名字没在报名者名单里。"好像是那份报名的传真弄丢了，布鲁诺·玛丽-罗斯的奥林匹克梦想就这样因为一些行政上的原因破灭了……这位田径运动员不到 30 岁就结束了他的体育生涯。

历史性的拥抱

女子 10000 米比赛可谓是 1992 年巴塞罗那奥运会最激动人心的时刻之一。比赛结果本身已经十分明朗，不会有大的意外。获得 1991 年世界冠军的英国选手丽兹·麦科尔根（28 岁）被认为是夺冠热门，她引领着比赛节奏，一直保持着持续而有规律的步伐。比赛进行到 7000 米的时候，南非选手埃拉娜·迈耶（25 岁）认为这位英国名将已经显露出疲惫的迹象，从而发起直接进攻打算一锤定音；然而一个小个子埃塞俄比亚选手德拉图·图卢（20 岁）却毫无困难地靠近她并一直维持着步幅。赛场上的排位一直维持不动，直到最后一圈的钟声响起，就在这个时候，德拉图·图卢突然加速，而埃拉娜·迈耶此时已经筋疲力尽，毫无回击之力。德拉图·图卢领先埃拉娜·迈耶五秒钟获得冠军。这件事情本身已经意义重大，因为在此之前还没有一个非洲黑人女性选手获得过奥运会冠军。但是，就在一瞬间，奥林匹克历史令人类历史发生了突然转变。因为出生于阿尔西高原奥罗莫语国家的黑人女子和来自种族隔离国家的白人女子聚在一起互相拥抱，还把她们的国旗连接起来，一个黑皮肤，一个白皮肤，两人在全场 80000 名热情观众的掌声中进行着令人感动的绕场一周。这一象征着和平和友爱的场景经电视转播也被传递到了全世界。

一次奇特的铅球比赛颁奖

1992 年巴塞罗那奥运会的铅球比赛中，美国运动员迈克·斯图尔斯凭借着 21 米 70 的成绩夺得最后的胜利。这次成功来之不易，因为迈克·斯图尔斯才刚刚重获新生，他此前因为服用类固醇兴奋剂被吊销比赛资格两年，期满后刚好能够参加这届奥运会。获得第二名的是另一位美国选手吉姆·杜林，他也曾因为服用类固醇兴奋剂而被停赛。第三名的俄罗斯选手维亚切斯拉夫·利科在 1990 年欧洲锦标赛上因为兴奋剂事件被取消资格，他也是重新回到奥运会赛场上的。这场比赛第四名的瑞士选手维尔纳·冈索会怎么想呢？他曾经获得过 1987 年、1991 年、1993 年的世界冠军，却从来没有获得过奥运会金牌。

2000年女子100米比赛竟然没有奥运会冠军

美国选手马里恩·琼斯在2000年悉尼奥运会女子100米比赛中，战胜希腊选手埃卡捷琳娜·塔努夺得冠军。但是，2007年，马里恩·琼斯承认自己服用过兴奋剂。根据追溯原则，她被取消资格并被收回所有奖牌。第二名的埃卡捷琳娜·塔努因此被追认为金牌获得者。然而，2004年雅典奥运会前夕，她因为试图逃避兴奋剂检测而不被允许参加这一届的雅典奥运会。国际奥委会绞尽脑汁想要找到一套遁词，从而不让金牌被一名服用兴奋剂的选手传给另一名服用兴奋剂的选手……埃卡捷琳娜·塔努后来还是保留了银牌，而第三名的牙买加选手泰娜·劳伦斯被重新认定为第二名，她的铜牌变成了银牌。于是，官方的获胜者名单上，金牌选手的那一行空缺，并显示有两名银牌获得者：埃卡捷琳娜·塔努（11 秒 12）、泰娜·劳伦斯（11 秒 18）。

戴着头盔的撑竿跳运动员

2004 年雅典奥运会的撑竿跳比赛中，美国运动员托比·史蒂文森越过 5 米 90 的横杆获得银牌，他的同胞蒂姆·麦克摘得金牌

（5 米 95）。斯皮里顿·路易斯体育场的观众和全世界的电视观众在这一天注意到了这名另类的撑竿跳选手的特色：他竟然戴着头盔跳！从来没有人知道托比·史蒂文森为什么会戴着头盔。此前最可信的解释就是他想要让他的母亲放心，因为她害怕儿子会受伤。

他在百名观众面前获得最后一块金牌

2004 年 8 月 27 日，50 公里竞走比赛结束，刚刚获得冠军的罗伯特·科泽尼奥夫斯基向媒体宣布：这是他最后一次参加重大国际比赛。获得过四枚奥运会金牌的他是波兰获得冠军次数最多的运动员。他也被认为是有史以来最伟大的竞走选手，但是他的名气远不如其他那些四次获得奥运冠军的田径运动员，因为竞走比赛一直都是人们了解甚少的运动。因此，那一天，当他以胜利者的身份进入斯皮里顿·路易斯体育场的时候，这个奥运赛场的看台上仅仅只有百来名观众：这位竞走选手就这样离开了国际舞台，他总是默默无闻地进行着自己的事业，就如同这个不为人知的项目。

他小腿骨折还跑了 300 米

2012 年伦敦奥运会的 4 × 400 米男子接力赛上，美国队不敌巴哈马队获得银牌。对于美国人来说，银牌也是令人失望的。然而，要是没有曼蒂奥·米切尔令人难以置信的惊人勇气，他们或许连决赛都进不了。事实上，在比赛过程中，跑完 100 米后，曼蒂奥·米切尔就感到不适，跑完 200 米的时候，他意识到自己小腿骨折了。不顾疼痛的他一瘸一拐地坚持跑完了比赛，并没有显露出丝毫痛苦的神情，美国队才得以进入决赛。当然，曼蒂奥·米切尔没有参加最后的决赛，因为 X 光片显示他已经腓骨骨折。

中国跑进奥运的第一人

由于绝大多数国家不甚了解或其他原因，奥运会一开始只有少数国家参加，如第一届只局限于德国、法国、英国、美国等 14 个国家。1932 年以前，中国还从未正式参加过奥运会，也就是在这一年，刘长春作为中国体育代表团的唯一运动员，开始了他"一个人的奥运会"。不过，当时的民国政府不为代表团提供财政支持，刘长春在抵达奥运会的路上跋涉整整 25 天，体能大大消耗，到达洛杉矶的第三天就参加了 100 米预赛，名次仅位列小组第五。在后来的 200 米比赛中，他的成绩并不差（22 秒 1），但仅获小组第四名。尽管如此，刘长春身上展现的体育精神，拉开了中国参加奥运会的历史序幕。

他被称为"亚洲飞人"

中国选手刘翔在 2004 年雅典奥运会上的表现让他被称为"亚洲飞人"。此前，因为出众的弹跳力和顽强、刻苦的训练，他在一系列国内、国际赛事上取得了一连串优秀的成绩。2003 年，在世界室内田径锦标赛上，刘翔获得了男子 60 米栏的第三名，结束了中国男选手在该项赛事中 18 年未夺牌的历史。在雅典奥运会上，他以 12 秒 91 的成绩打破奥运会纪录，一举获得金牌。这枚金牌是中国男选手，乃至亚洲选手在奥运会上夺得的第一枚田径金牌，意义非凡。他浓墨重彩地书写了中国田径，乃至亚洲田径新的历史，使世界对于亚洲田径水平有了全新的认识。

划 船
Rowing

停下来给鸭子让路的冠军

1928 年阿姆斯特丹奥运会上，强壮的澳大利亚运动员亨利·皮

千万别着急哦！

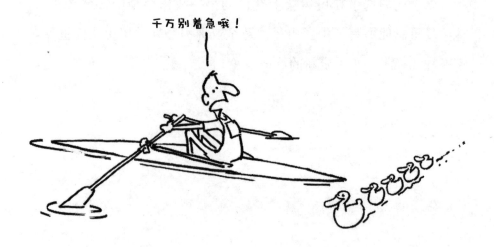

尔斯在单人划比赛中轻松夺冠（他的对手美国人肯尼斯·迈尔斯落后了将近 10 秒钟）。皮尔斯（22 岁）实力超群，在四分之一决赛中，为了给一群正穿过比赛水域的鸭子让路，他甚至停止发力！

他竟然把金牌掉进了湖中

苏联划船运动员维亚切斯拉夫·伊万诺夫连续在三届奥运会上获得冠军（1956 年、1960 年、1964 年）。1956 年墨尔本奥运会，在他第一次取得胜利之后，这名年轻人（18 岁）因为获得金牌太过激动，竟然把金牌掉进了文杜里湖中，即举办比赛和奖牌颁发仪式的场地。他跳进湖中试图找回金牌，但无济于事……国际奥委会之后给他颁发了一枚替补金牌。

双胞胎超越双胞胎

1980 年莫斯科奥运会的双人无舵手比赛可以简称为一场家庭事务：德国双胞胎选手贝恩德和约尔格·兰德维格特获得金牌，银牌获得者苏联的尼古拉和尤里·皮梅诺夫也是一对双胞胎兄弟。

阿巴格纳莱兄弟的传奇故事

意大利选手朱塞佩和卡迈·阿巴格纳莱是两兄弟，他们在 1984 年洛杉矶奥运会和 1988 年汉城奥运会上获得双人有舵手划船比赛的金牌，在 1992 年巴塞罗那奥运会上获得银牌。他们的名气远远超出了体育的范畴。要知道虽然划船运动在媒体的眼中是一个小众项目，但在意大利却非同一般，因为那里的人们十分崇拜意甲明星和冠军运动员，意大利电视台（la Rai）还为他们拍了一部时长三个小时的电影——《意大利故事》。当人们确定阿巴格纳莱家族的老三阿戈斯蒂诺获得 1988 年四人双桨比赛的奥运会冠军时，这个传奇故事变得更加神奇：在同一届奥运会上，三兄弟都获得金牌，这是极为罕见的。为了给这个传说增加色彩，应该说明的是：朱塞佩和卡迈·阿巴格纳莱获得的所有荣誉都是和同一名舵手朱塞佩·迪·卡普阿完成的。我们还要说一说阿巴格纳莱兄弟奥运故事的结局，那就是在 1992 年的巴塞罗那奥运会上，他们的金牌落在了英国选手格雷格和乔纳森·塞尔的手中，这两人也是兄弟！

篮　球
Basketball

露天篮球，屋顶架下

篮球比赛是在 1936 年柏林奥运会上被纳入奥运比赛项目的。但那时候的比赛是在露天举行。而决赛那天下起了雨：在满是积水的沙地上，完全不可能传球，场面因此变得十分难看。在一名非常感兴趣的观众，即篮球运动的发明人詹姆斯·奈史密斯面前，美国队战胜了加拿大队（19∶8）。而确切地说，正是这名观众于 1891 年发明了该项运动，为的就是让斯普林菲尔德（马萨诸塞州）青年人基督协会的学生能在冬季专注于一项室内运动！

篮球历史上最具争议性的投篮

1972 年慕尼黑奥运会上，由美国队对阵苏联队的篮球决赛不明不白地结束了。美国队在奥运会篮球比赛中从未有过败绩。遭到苏联队全面抵抗的美国队在离比赛结束还有三秒钟的时候处于领先（50∶49）。全场比赛结束的哨声响起，美国队如释重负，队员间相互拥抱，观众也冲进了场地内。但是，苏联队教练对于终场时间提出了质疑，裁判命令将秒表调到了 39 分 57 秒，而不是 40 分钟。美国队员对此显得不能理解……重回比赛，苏联选手莫德斯塔斯·保劳斯卡斯一记长传，篮球穿过场地，到了亚历山大·别洛夫的手上，后者在没有防守的情况下，为苏联队投入制胜一球（51∶50）。评审委员会一直商议到次日凌晨四点半，才判定苏联队获胜！美国队没有出现在领奖台上领取银牌。这可谓是"奥运会冷战"环境下关键性的一记投篮……

美国篮联并不想要"梦之队"

1992年巴塞罗那奥运会，职业球员们第一次被允许自由参加奥运会。这一条法令因为著名的美国"梦之队"的表现而备受关注，他们精彩绝伦的篮球技艺让全世界的观众心醉神迷。但是，NBA这些千万富翁级别的球星出战并不被认为是理所当然的，这可是经过激烈协商的结果。国际篮联最终是在1989年，以56票赞成、13票反对才接受了这个提案。而在13张反对票中，就有美国业余篮球联盟。

拳 击
Boxing

令人惊奇的双料冠军

美国选手奥利弗·柯克是唯一一位在同一届奥运会，即1904年的圣路易斯奥运会上获得拳击比赛不同级别两枚金牌的运动员。他首先在雏量级比赛中战胜唯一的对手夺冠，因为只有两名拳击运动员参加了这个级别的比赛。同样，羽量级比赛的竞技场上也只有两名拳击运动员：美国选手弗兰克·哈勒对抗弗雷德里克·吉尔摩，哈勒胜出。观众们也许想让自己的钱物有所值，他们提出抗议，希望柯克和哈勒进行一场比赛，并由裁判宣布冠军得主。所以，柯克甚至都没有报名，却在羽量级比赛中获得了第二枚金牌。这是一个独特的案例。

他在拳击场上仅花了不到三分钟就成为了奥运会冠军

英国运动员阿尔伯特·奥德曼是 1908 年伦敦奥运会拳击重量级比赛的冠军。他全程快速地获得金牌，因为他在拳击场上总共用了不到三分钟的时间就取得了最终的胜利。首轮比赛，他用了不到一分钟的时间就将同胞扬·迈哈姆斯击倒在地。半决赛上，他的对手弃权。决赛中，不到两分钟的时间他又将他的另一名同胞雪里·埃文斯击倒在地。

因为太过丰盛的饮食而失去比赛资格

1936 年柏林奥运会上，南非拳击运动员托马斯·哈密尔顿-布朗在轻量级首轮比赛中不敌智利选手卡洛斯·利洛。颇为失望的他开始暴食，试图在美食中获得安慰。然而，裁判发现在扣分环节中有误，胜利本该属于南非。所以这名运动员重新获得比赛资格……但很快他又被取消了资格，由于他吃得过于丰盛，他的体重竟然超出了轻量级比赛的限重！因此，智利选手卡洛斯·利洛继续比赛，在四分之一决赛中被淘汰出局。

一枚奥运金牌被扔进了河里

穆罕默德·阿里这个人物总是让我们入迷。原因就是他不但革新了重量级拳击项目，而且他还毫不犹豫地将其最美好的年华投入到维护正义的事业当中。2016 年 6 月 4 日，他与世长辞，全世界的媒体都回顾了这位号称"最伟大拳手"的一生。他在 1960 年罗马奥运会上获得次重量级比赛的金牌，当时他的名字还是卡修斯·克莱。多名记者首次披露了关于这枚奖牌饶有意味的一件轶事。从罗马回国后，路易斯维尔的一家餐厅拒绝接待他，仅仅因为他是一名黑人，盛怒之下，卡修斯·克莱将他的奥运金牌扔进了俄亥俄河里，要知道他为美国获得了这枚奖牌，美国已经取消了这位新科奥运冠军的奴隶后代身份。不过，这个故事也许只是杜撰的，而这个后来改名为穆罕穆德·阿里的人中途承认他已经找不到这枚著名的奖牌了。但这个传说被当作仿佛真实发生过而最终被保留了下来，因为它和人物形象如此贴切。

拳击选手殴打裁判

1964 年东京奥运会上，西班牙年轻运动员瓦伦丁·罗兰（18 岁）参加了拳击羽量级比赛。第一轮，他违反体育精神，连续不断地缠住对手不放，并不规则出拳。第二轮的时候，匈牙利裁判嘉吉·塞尔默取消了他的比赛资格。当瓦伦丁·罗兰当场得知自己的奥运生涯在几分钟之内已经结束的时候，他恼羞成怒，尾随裁判进入拳击场内，左手猛地一记勾拳打在裁判脸上：裁判被击倒在地。这件事也上了众多报纸的头条。瓦伦丁·罗兰被终身取消比赛资格。

拳击手忘了他的手套

1992 年巴塞罗那奥运会，伊朗选手阿里·卡泽米在拳击重轻量级比赛首轮对阵巴基斯坦选手穆罕默德·阿斯加尔。但他太晚醒来，错过了本应该送他去往巴达洛纳体育馆的班车，他只能搭乘下面一辆班车。慌乱中，他犹如一阵龙卷风似的进入场馆，急匆匆地上了拳击场面对其对手。但他既没有手套，也没有保护头套——疯狂奔跑中，他竟然忘记了这些用具，因此他被取消了比赛资格。伊朗队提出抗议，质疑班车的发车时间。坚定的体育官员简单明了地回复这名拳击手说："您可以搭乘计程车……"就这样，阿里·卡泽米经过长途跋涉从德黑兰来到巴塞罗那却无所事事！

皮划艇
Kayak

他替父亲摘得金牌

比尔·黑文斯被选入美国皮划艇队参加 1924 年巴黎奥运会，但他却因为一个最佳理由而放弃了：他的妻子，身怀六甲，临盆在即。比起试图夺得奥运会金牌，他更愿意待在妻子的身边，何况那个时候的皮划艇还只是一个体育表演项目。1924 年 8 月 1 日，他见证了儿子弗兰克的出生。而弗兰克长大后也成为了一名皮划艇冠军。获得 1948 年伦敦奥运会单人皮艇 10000 米银牌后，为了能在 1952 年赫尔辛基奥运会上摘得金牌，他加倍刻苦地训练。在芬兰人造港湾的水域里，弗兰克·黑文斯长时间与捷克斯洛伐克选手阿尔弗雷德·金德拉并驾齐驱，最终超越对手，接下来的回程里，他与匈牙利选手加博尔·诺瓦克激烈竞争。近一个小时的比赛结束后，他最终获得奥运冠军。他当时第一个想到的就是他的父亲，他给父亲发了一封电报："我要把你本应该赢得的金牌带回家！"

自行车
Cycling

一名记者成为了奥运冠军

1896 年第一届雅典奥运会上，奥地利《巴黎–自行车报》的记者阿尔多夫·施马尔一边派送着比赛报告，一边参加了奥运比赛。他获得了最艰难的 12 小时自行车赛冠军，共骑行 314. 997 公里。阿尔多夫·施马尔还获得了赛道比赛（333 米）和 10 公里比赛的第三名。在这届雅典奥运会上，阿尔多夫·施马尔也参加了击剑花剑项目的比赛。阿尔多夫·施马尔很快就结束了他的体育生涯，并以"阿尔多夫·施马尔–菲利乌斯"的笔名投身到写作当中。

被平交道口干扰的公路赛

1920 年安特卫普奥运会上，自行车公路赛为 175 公里计时赛。参赛选手从位于安特卫普郊区的默克塞姆出发，途经蒂伦豪特、海斯特-奥普-登-伯格和立叶赫，最后完成环线回到安特卫普。这么长的距离，再加上这样的线路，有些选手可能被一些平交道口阻挡，要知道相比于奥运会比赛，铁路交通更具优先权。不过，评审委员会事先预料到了这一问题：如果有选手因为火车通过而被耽误时间，他的最终计时会相应减去被耽误的时间。一开始，南非选手亨利·

卡尔滕布伦被宣布为冠军得主，用时 4 小时 41 分 26 秒，领先于法国选手费尔南德·坎特卢贝。南非队开始庆祝胜利，而后却被浇了一盆凉水。事实上，在 42 名抵达终点的选手当中，有 5 名选手因为平交道口关闭而被耽误了时间，这些人当中就包括原来排在第三名（4 小时 44 分 2 秒）的瑞典选手哈利·斯坦奎斯特，他因为火车通过被阻挡了 4 分 1 秒。时间更改后，哈利·斯坦奎斯特被宣布为奥运冠军得主（4 小时 40 分 1 秒）。

奥运赛场上的生日"惊喜"

1976 年 7 月 24 日，蒙特利尔奥运会自行车竞速赛的决赛正在进行。这一天恰逢获得过两次冠军的法国选手丹尼尔·莫雷隆的生日。因此，自行车赛场的电子屏上显示出了"丹尼尔，生日快乐"的字幕。但是，在莫雷隆 32 岁生日这一"美妙时刻"，捷克斯洛伐克选手安东·特卡奇给了他一个"惊喜"，那就是在比赛还有 200 米的时候突然加速，丹尼尔最终败北，只能获得银牌。

送报人获得奥运奖牌

纳尔逊·韦尔斯是首位在奥运会自行车比赛中获得奖牌的非裔美国人，而且这还是一枚意外的奖牌。1984 年洛杉矶奥运会，众多不为人知的美国选手获得了奖牌。纳尔逊·韦尔斯就是这种情况：这名过去在哈莱姆区送报的选手在决赛中不敌他的同胞马克·戈尔斯基，获得自行车竞速赛的银牌……之后，纳尔逊·韦尔斯立即重回到默默无闻的状态中。

一场奇怪的凯林赛决赛

凯林赛上，选手们都争取尽可能地在摩托车领骑员离开赛道的时候处于离他最近的位置。但是，如果其中一人超过了领骑员，就会因为出发失误而被取消资格。2016 年里约热内卢奥运会上，主裁判对这个规则的评定相当宽容。事实上，他认为两名选手过早启动，随即鸣枪中断了比赛。这两名选手分别是夺冠热门、英国选手杰森·肯尼，以及马来西亚选手阿齐祖尔·哈斯尼·阿旺。然而，在回看视频之后，裁判委员会认为这个错误程度相当轻微并不明显，而且很难在阿旺和肯尼当中认定谁是过错方。最后，没有人被取消资格。好像如果在本届奥运会自行车比赛收官之际将肯尼开除出比赛，他们要承担一项极其重大的责任一样。重新开赛后，相同的场景继续上演：犯规的是德国选手约阿希姆·艾勒斯。这一次，出发错误看上去更加明显，但很难做到一种情况两种判罚，因此约阿希姆·艾勒斯也没有被取消资格。第三次出发总算正常，杰森·肯尼再获一枚新的金牌，这是他在里约热内卢奥运会上获得的第三枚金牌。

马 术
Equestrian

马术三项全能冠军的不幸遭遇

德国骑手康拉德·冯·万根海姆在柏林奥运会马术三项全能比赛上屡受挫折。越野赛的时候，他的坐骑撞到障碍使其落马。康拉德·冯·万根海姆左侧锁骨粉碎性骨折，但他并没有放弃比赛，为的是让德国队还有获胜的机会。场地障碍赛的时候，他悬吊着三角巾再次出发：他的马这次尥蹶子，让他再添新伤；尽管带着伤痛，康拉德·冯·万根海姆最终还是完成了比赛。德国队最后获得了金牌，这可得大大归功于康拉德·冯·万根海姆的勇气。

尽管瘫痪还是获得了奖牌

1952 年赫尔辛基奥运会上，马术是一项男女混合项目，女性也能和男性同台竞争。这一年，作为为数极少报名参加马术比赛的女骑手之一的丹麦女运动员里斯·哈特尔，一举获得银牌。她也成为首位获得马术比赛奖牌的女性。如果告诉大家，里斯·哈特尔 1944 年患有脊髓灰质炎，导致膝盖以下瘫痪，那么这个成绩就更让人刮目相看了。里斯·哈特尔还获得了 1956 年奥运会的银牌，这一年，她甚至需要有人帮助她上马。结束体育生涯后，她从事一些马术表演，来获得治疗其骨髓灰质炎的资金。

女骑手与国王

英国运动员帕特里夏·罗斯玛丽·斯迈思也是最早在马术比赛上表现出众的女性之一，1956 年奥运会上，她与两名男性队友——威尔弗雷德·怀特和彼得·罗伯逊一起获得场地障碍团体赛的铜牌。此前，也就是第二次世界大战期间，还是青少年的她为了避难，来到位于英国西南部的科茨沃尔德农村地区。据传，她碰到了英国国王，但竟然没有认出这位国王。当时，她正困在马群当中，想要将它们牵引到路边，国王所乘马车的车夫要求她让路，她大声斥责道："闭嘴！难道你没看到我正尝试将这些马儿从路上赶出去吗？"这个故事也许并不完全属实。但是，可以确定的就是科茨沃尔德因为她的书出名了。

为了保住团队奖牌他隐瞒伤情

身为马术三项全能赛的高手，澳大利亚骑手比尔·罗伊克罗夫特并没有在个人项目上取得过耀眼的成绩（他最好的个人排名为1972年慕尼黑奥运会第六名），但他在团体比赛中却获得过三枚奥运会奖牌（1960年金牌、1968年和1976年的铜牌）。甚至可以说，他具有真正的体育精神，1960年罗马奥运会上，他就用惊人的勇气证明了这一点。越野赛时，他摔下马，造成肩胛骨骨折，被送往医院治疗。然而，他深知若自己不能完赛，那么团体赛资格就会被取消。在医院度过一晚之后，他决定重回赛场，也因此保住了澳大利亚队的金牌。他的队友劳伦斯·摩根和尼尔·拉维斯欠了他一个巨大的人情。

马术三项全能赛演变成一场闹剧

1968年墨西哥城奥运会上，马术三项全能赛的过程进行得尤为艰难。炎热的天气和高海拔增加了比赛的风险，此外，比赛过程中还下起了暴雨，小河变成激流。10名参赛者放弃了比赛，1964年奥运会金牌得主的意大利选手毛罗·切科利的坐骑两次拒绝跨越障碍，导致该骑手被取消比赛资格。在处罚和加分环节中，48名骑手中只有9名显示得到的是正分（1964年奥运会团体赛银牌得主的阿根廷选手卡洛斯·莫拉托里奥显示的分数为-294分!) 在暴雨淹没赛道之前，首批出发的法国选手让-雅克·居荣骑上他的爱驹"皮图"，避过陷阱，在比完场地障碍赛之后，终于摘得耀眼的金牌。

爱驹与骑手

人们还记得1988年汉城奥运会的马术场地障碍赛上，皮埃尔·杜兰德骑着他的爱驹"贾珀洛普"获得胜利的场面。这名骑手及其

爱驹的故事被拍成了电影《贾珀洛普》（2013年），该故事既精彩又颇具争议性。然而，1984年洛杉矶奥运会的时候，皮埃尔·杜兰德和爱驹"贾珀洛普"的奥运故事开始得并不顺利。事实上，在团体赛跨越一个可怕障碍栏的时候，"贾珀洛普"到达障碍处突然停下，拒绝跨越这个障碍，皮埃尔·杜兰德从障碍的一边被抛到了另一边，摔倒在地，手上还紧紧握着缰绳和马笼头套，而"贾珀洛普"趁机逃跑至马厩去找它的饲马员拉斐尔·达里奥，全世界的电视观众目睹了这一幕。皮埃尔·杜兰德成为众多评论的焦点，他的不幸遭遇在电视花絮里被循环播放，但他还是留下了这匹马并继续训练。四年后，他一雪前耻。为了感谢他的爱驹，皮埃尔·杜兰德把金牌挂在了"贾珀洛普"前胸处的马笼头缰绳上，以此表达胜利既属于骑手，也属于其坐骑。

击 剑
Fencing

老师与学生交锋

有时候，学生总想超过老师。但是，在击剑项目中，鲜有学生想去和老师交手，除非是迫不得已。古巴运动员拉蒙·封斯特就是这个情况。事实上，1900 年巴黎奥运会的比赛项目既包括业余击剑比赛，还包括兵器老师的比赛也就是职业击剑比赛。重剑比赛中，年轻选手拉蒙·封斯特（17 岁）获得业余组比赛的胜利，而阿尔伯特·阿亚特则是兵器老师组的获胜者。接下来就是由最优秀的业余选手对阵最厉害的兵器老师，阿尔伯特·阿亚特战胜了拉蒙·封斯特，也就是他的学生。这难道不是一节特殊的击剑课吗？

击剑手对裁判发起决斗

意大利运动员奥雷斯特斯·普利蒂在击剑团体赛当中共获得四枚金牌，分别为花剑项目（1920 年、1924 年）和佩剑项目（1920 年、1928 年）的团体金牌。但他从来没有获得过个人项目的奥运冠军。然而，1924 年巴黎奥运会的佩剑比赛上，作为夺冠热门的他好像有过机会。当时共有 12 名选手进入决赛，按照胜负场数相加排位。12 名击剑选手当中有 4 名意大利选手。奥雷斯特斯·普利蒂一开始连胜数场：他相继打败了他的同胞马尔切洛·贝尔蒂内蒂、比诺·比尼和朱利奥·萨罗基。这完全符合逻辑，因为这些人的实力都不如他。可是以匈牙利裁判嘉吉·科瓦奇为首的评审委员会却断定这三名意大利选手是故意让他们的同胞获胜以便使其进入决赛，随即取消了奥雷斯特斯·普利蒂的比赛资格。后者勃然大怒，威胁并用剑猛地打了一下裁判，然后离开了竞技场。最后，匈牙利选手山多尔·波斯塔获得冠军。但是，事情还没有结束：两天后，奥雷斯特斯·普利蒂碰到裁判嘉吉·科瓦奇，还打了他的面部，于是两人决定来一场决斗。四个月后，决斗举行：一个小时的时间里，两名决斗者数次出击，最后被旁观者叫停，因为两个人都受了重伤。决斗结束后，两个人握手言和。

真正的公平竞争精神

众所周知，英国的公平竞争精神与其说真实存在，还不如说只是一个传说。然而，1932 年洛杉矶奥运会上英国击剑女运动员朱迪·吉尼斯的态度却值得称颂。事实上，花剑项目决赛的时候，她向官员指出他们忘记计算奥地利选手艾伦·普雷斯的两次触击。这个错误被修正过来，最终艾伦·普雷斯击败朱迪·吉尼斯获得金牌。

花剑比赛中的"铃铛"

1954 年，为了更好地进行判断，国际击剑联合会决定在花剑比赛中引入电流。

击剑运动员此后都要身穿一件具有传导感应的护胸。克里斯蒂安·德奥廖拉对这项他称为"铃铛"的革新表示抗议，因为当击剑手刺中对手的胸甲时，它就会发出一种和自行车铃铛一样的声音。这位来自加泰罗尼亚的选手认为引入这项科技会剥夺掉他的一些撒手锏：直觉、柔韧性、精准出击刺中对手。"这有悖于我所知道的击剑运动。以前，我是玩击剑，但我能够确定自己必将获胜……现在我没有信心了，我能肯定自己的移动越来越慢。总而言之，我苦不堪言。"他就这个"铃铛"如是说道。不过，他成功地改变了个人风格：尽管有这个"铃铛"，他还是获得了 1952 年的奥运冠军，并于 1956 年蝉联金牌。

足 球
Football

猜硬币正反面来决定谁是获胜方

如今，在直接淘汰赛制中，当比赛结束遇到平局的时候，都会进行点球大赛，每一次都极为"残酷"，尤其对于被淘汰球队的球迷来说。但是，情况并不总是如此，遇到平局时，结局甚至更加残酷，因为获胜方是由猜硬币正反面来决定的。1960 年罗马奥运会的足球半决赛上，意大利队和南斯拉夫队战成平局后（1：1）就是这样操作的。可以肯定的是，硬币并没有造假，因为在罗马，硬币掷出来的出线资格属于南斯拉夫队。还要强调的是，这种方式其实和奥运会有关：1968 年墨西哥城奥运会足球四分之一决赛的时候，伊朗队和保加利亚队战成平局（1：1）之后，一位伊朗体育官员就提出了这个解决办法，通过猜硬币正反面的方法淘汰了伊朗队。

高尔夫
Golf

一不留神成了冠军

1900 年，玛格丽特·阿博特成为第一个获得奥运冠军的美国女性，可她自己竟然毫不知情！当时只是路过法国的玛格丽特·阿博特决定参加在贡比涅举办的一个女子高尔夫比赛，陪伴在她身边的是她的母亲玛丽，一名小说家兼记者。她用了 47 杆完成了 9 洞的环线。然而她当时完全不知道这次比赛其实是奥运比赛，也没想到自己会在 1900 年 10 月 3 日这一天成为第一个获得奥运冠军的美国女性！实际上，"奥运"这个标签是在后来被追加到一些比赛上的，玛格丽特·阿博特参加的那一届巴黎奥运会，有些比赛完全是在一些看上去像是堆放杂物的地方举行，很难分辨出这里到底是在举办体育比赛，还是在举办市集。玛格丽特·阿博特回国后，只是简单地告诉其亲友，说她获得了一场高尔夫球比赛的胜利，仿佛事情就是这样而已。因此可想而知，玛格丽特·阿博特在 1955 年去世的时候都不知道自己曾经是奥运冠军。事实上，在她离世很久之后，佛罗里达大学教授，同时也是研究奥运会历史的专家——宝拉·韦尔奇在发掘搜集奥运会成绩的时候，才证明在贡比涅举行的这场简单的比赛其实就是奥运比赛的一部分。

体　操
Gymnastics

从爬绳比赛到奥运会

爬绳作为学校体育课的著名达标项目，对于成千上万的学生来说可谓是一种"酷刑"，它曾经四次被列入奥运会比赛项目（1896年、1904年、1924年、1932年）。1896年雅典奥运会有四名选手参加该项比赛，但是只有两名选手爬到了14米的绳索顶端，希腊选手尼古拉斯·安德里亚科普洛斯夺冠，14米绳索用时23秒4。1904年圣路易斯奥运会上，著名的美国木腿体操运动员乔治·艾瑟获得冠军。1924年巴黎奥运会，捷克斯洛伐克选手贝德里希·苏普奇克拔得头筹，8米绳索用时7秒2。1932年洛杉矶奥运会，美国选手雷蒙德·贝斯夺魁（6秒7），此后该项比赛被取消。

135 名选手参加独项体操比赛

1900 年巴黎奥运会的体操比赛只有一个项目：个人多项比赛。比赛共计 16 个小项（其中包括组合跳高、跳远、撑竿跳、攀爬光滑绳索和举石头等），于 7 月 29 日和 30 日在樊尚举行。一共有 135 名参赛选手，其中 108 人是法国选手。胜利顺理成章地属于一名法国人——古斯塔夫·桑德拉斯，他一共得到 302 分（满分为 320 分），领先于其他 107 名同胞。

体操运动员成为歌剧演唱家

运动员经常都是一些兴趣广泛的人，弗朗索瓦·巴斯就是如此。他是 1899 年法国体操全能冠军，1900 年巴黎奥运会体操个人多项比赛的第二名。除此之外，弗朗索瓦·巴斯还在另一个领域引人注目：为了成为抒情歌唱家，他后来去到巴黎音乐学院求学，作为歌剧演唱家从事艺术事业。

木腿体操运动员的胜利

乔治·艾瑟是奥林匹克历史上最令人惊叹的人物之一：1904 年圣路易斯奥运会上，他赢得了不少于六枚的奖牌（其中三枚金牌）。其表现本身就十分突出，但如果指出乔治·艾瑟其实是一名单腿运动员，那他的表现就显得更加与众不同。乔治·艾瑟出生于德国，14岁时和父母一起移居美国。他参加过圣路易斯的康科迪亚·特恩维因体操比赛。可惜的是，在一次火车事故中，他左腿截肢。乔治·艾瑟毫不气馁，他从事会计工作，并坚持体育锻炼。因此他参加了圣路易斯奥运会。器械体操比赛于奥运会闭幕的那一天举行。乔治·艾瑟效率极高，一举摘得三枚金牌（跳马和他的同胞安顿·海达并列第一，双杆，攀爬光滑绳索）、两枚银牌（鞍马、四项组合）以及一枚铜牌（单杠）。

体操运动员成为"鱼雷人"

1908年伦敦奥运会上，意大利运动员阿尔贝托·布拉利亚获得体操比赛的冠军。过去的他曾是面包店的一名伙计，通过独自在谷仓训练，练就了一身肌肉，他认为奥运会的胜利能为他赚取财富，于是离开面包店，登上了表演舞台，他表演的节目叫作《鱼雷人》。这次职业方向的改变带给他的只有失望：他的肩部和多根肋骨骨折，而且意大利体联还认定他是"职业选手"，奥运会的大门也因此向他关闭。然而，就在1912年斯德哥尔摩奥运会前夕，他恢复了"业余选手"的身份。因此他得以再次参加奥运会的比赛，并摘得两枚体操比赛的金牌（个人赛和团体赛）。阿尔贝托·布拉利亚称他这一次是完全的体操运动，并结合了马戏表演。尤其值得一提的是，他推出了一个双人喜剧表演节目，先在欧洲，后来又在美国取得了一定的成功。

翻筋斗曾是奥运会项目！

翻筋斗是一项令人惊叹的杂技项目，可以看到体操运动员是在一条富有弹性的跑道上高速跳跃前进。这项运动仅在 1932 年洛杉矶奥运会中唯一一次被列入奥运会比赛项目，并且后来没有被保留下来，因为只有四名选手参加比赛。金牌被美国运动员罗兰·沃尔夫摘得，另外两名美国选手埃德温·格罗斯和威廉·赫尔曼分别获第二、三名，后来被证实在本届洛杉矶奥运会上获得自由体操和鞍马比赛金牌的体操运动员——匈牙利选手伊什特万·佩尔也参加了这项比赛，好像仅仅是因为他当时正好在现场，他获得第四名。后来，国际奥委会打算将翻筋斗重新纳入奥运会比赛项目，但很快便放弃了，因为两个对立的"翻筋斗国际联合会"成立了，从而使问题复杂化。因此，罗兰·沃尔夫一直是唯一一位翻筋斗奥运冠军。

电子技术没有预料到的完美表现

1976 年蒙特利尔奥运会的体操比赛中，瑞士钟表公司负责确定电子屏幕上的参数，来显示三个数字，然而，在罗马尼亚运动员纳迪亚·科马内奇其中一项比赛结束的时候，电子屏幕上显示出 10.00 分，这个分数令现场一万六千名观众和电视机前的五亿民众不知所措。纳迪亚·科马内奇仿佛摆脱了万有引力，带来了一套最高难度的动作，最终获得最高分 10.00 分，这在以前从来没有过，而就是这个 10.00 分难住了电子系统，因为在此之前，人们完全没有预料到会有这么完美的表现。后来，纳迪亚在蒙特利尔奥运会上还获得好几次 10.00 的满分。高低杠和平衡木项目上，她表现完美，两次都得到了 10.00 分，这就相当于 20 分满分得了 20 分。这几次完美的表现，除了难倒了电子技术，还长久地改变了女子体操的面目。在纳迪亚·科马内奇出现之前，成功的标准取决于展现传统塑形学上年轻女性的优雅，运动员都是优雅地做着一些约定俗成的动作，比如捷克斯洛伐克选手薇拉·卡斯拉夫斯卡（1964 年、1968 年）和苏联选手柳德米拉·图里什热娃（1972 年）就是如此，而其他选手，比如苏联运动员奥尔加·科布特敢于尝试加入多样的杂技技巧进行对抗，最常见的就是加入一些不可避免的艺术动作，不过是打乱顺序而已。纳迪亚·科马内奇这个不到 15 岁的纤弱小姑娘（1 米55，40 公斤）结合了优雅和技术难度，神奇地在短时间内取得成功，从而开启了这个体育项目的新篇章，从此人们将见证这些"体操娃娃"的胜利，而且这个项目越来越受到媒体的关注。

藤本顺令人难以置信的勇气

　　1976 年蒙特利尔奥运会的男子体操团体赛上，日本运动员藤本顺表现出了极为罕见的勇气。自由体操项目中，他膝盖碎裂，但是他决定隐瞒伤情，因为他想要继续比赛不让团队落败。然而，他在完成吊环项目后，由于髌骨断裂并错位，右腿十字韧带撕裂而倒地不起。医疗队命令他必须放弃比赛，否则他将有可能终身残疾。最后，日本队以 0.4 分的微弱优势战胜苏联队获得金牌。如果没有藤本顺的顽强拼搏，获胜的就会是苏联队。至于藤本顺，他在没有人搀扶的情况下，自己站上了领奖台，在充满敬佩之情的加拿大观众的掌声中，收获了金牌。

她的胜利被窃取了

尤里·蒂托夫是苏联体操领域的一名伟大人物，因为他从 1956 年至 1964 年间共获得过八枚奥运会奖牌。尤其是后来，他从 1976 年至 1996 年，一直担任国际体操联合会的主席，拥有着无限的权力。不过，他备受"关注"的还是为了体操全能比赛的金牌在 1980 年莫斯科奥运会上的所作所为……罗马尼亚选手纳迪亚·科马内奇在平衡木项目表现完美，令人惊叹，她本应该得到 9.95 分（后空翻四周加转体三周下）。然而，经过诸多犹豫，评委会在尤里·蒂托夫的授意下，只给了她 9.85 分。叶莲娜·达维多娃（苏联人）因此被选为奥运会冠军。的确，在莫斯科，本应该让一名苏联人获得冠军……

粉碎性骨折后的成功一跃

1996 年亚特兰大奥运会，首先在女子体操团体赛的时候，美国支持者的喧哗声扰乱了整个比赛，以致其中一名参赛选手在自由体操比赛的时候不得不重新开始，因为她完全听不到音乐伴奏。接着，

比赛的结局更加令人揪心，尤其对于克里·斯特鲁格来说。团体赛最后一轮，俄罗斯队将要进行的是自由体操，美国队是跳马，此时美国队的得分微弱领先于俄罗斯队（领先0.897分）。好几名美国选手在第一跳的时候表现一般，克里·斯特鲁格落地时摔倒，仅得到9.162分，更要命的是，她的脚踝粉碎性骨折。克里·斯特鲁格不顾疼痛，要求美国队的教练贝拉·卡罗利让她第二次试跳，以确保美国队获得金牌。贝拉·卡罗利同意了她的请求，因为现在如果让俄罗斯队超过美国队，这样的结果肯定让人难以接受。克里·斯特鲁格跛着脚走到起跑处进行她的第二跳，这次她成功了（她得了9.712分），由于脚踝侧面三级扭伤，她跪倒在了地上。贝拉·卡罗利将腿上打着绷带的她带到了领奖台上，在领取金牌之后，克里·

斯特鲁格便被送去了医院。对于一些人来说，她成为了如比尔·克林顿总统祝贺她时所说的具有英雄主义的运动偶像；对于另一些人来说，她是从运动员到教练都推崇的极具顽强拼搏精神的标志性人物。因此，克里·斯特鲁格总是出现在电视脱口秀节目中，她还上了《体育画报》的头条，并利用自己的形象赚钱，她的肖像甚至被印在谷物食品盒的上面！至于她的体育生涯，随着这次受伤和这枚金牌而彻底终结。

跳马台太低

2000 年悉尼奥运会女子体操个人全能比赛的时候，跳马项目因为出现了许多反常的表现而引起了注意：美国选手爱丽丝·雷错过了跳马台，屁股落地；夺冠大热门之一的俄罗斯运动员斯韦特兰娜·霍尔金娜落地时跪倒在地。在一半的参赛选手结束比赛之后，体育官员们才意识到犯下一个巨大的错误：当奥运选手的成绩都是以毫米或毫秒来计量时，跳马台竟然被调到了 120 厘米的高度（而不是正规的高度 125 厘米）！上当的运动员可以重跳，可是大部分人都表示拒绝，其中就包括斯韦特兰娜·霍尔金娜，她当时因为高低杠项目上表现一般，已经彻底失去了夺冠的希望。国际体操联合会对此表示郑重道歉，可这并没有改变排名。这个错误还导致了另一个结果，那就是 21 岁的斯韦特兰娜·霍尔金娜本来打算悉尼奥运会之后就退役，后来她决定继续其体育生涯直至 2004 年的雅典奥运会。在希腊，她获得了女子体操个人全能比赛的银牌。

"体操王子"成为出色的商人

1984 年，第 23 届洛杉矶奥运会上，中国体操运动员李宁在男子体操单项比赛中夺得男子自由体操、鞍马和吊环 3 项冠军，一举夺得三枚金牌、两枚银牌、一枚铜牌，成为该届奥运会中获得奖牌最多的运动员。在此之前，他就有了"体操王子"的美誉。这是由于 1982 年，在南斯拉夫萨格勒布举行的第 6 届世界杯体操比赛中，李宁一人获得了男子全部七枚金牌中的六枚，即单杠、自由体操、跳马、鞍马、吊环和个人全能 6 项冠军，创造了世界体操史上的神话。

更传奇的是，1988 年退役后，李宁以自己的名字命名创立了"李宁"运动品牌，正如该品牌最经典的广告词所说"一切皆有可能"，这个品牌获得了巨大的成功。从生产运动服装、运动鞋到生产篮球、足球等，"李宁"品牌都有涉足，还曾多次赞助各类体育活动。

举 重
Weightlifting

《詹姆斯·邦德》里面的"坏蛋"获得过奥运奖牌

《詹姆斯·邦德》冒险系列的第三部作品《金手指》（1964 年）里面的那个韩国"坏蛋"（金手指奥立克）是由哈罗德·坂田扮演的。事实上，他是日本裔美国人，原名叫作坂田俊之。此人曾经获得过奥运会举重比赛的奖牌：1948 年伦敦奥运会，他在举重次重量级项目中排名第二，冠军是另一名美国选手斯坦利·斯坦奇克。此外，这个出生在夏威夷的巨人还是一位颇有名气的兰开夏式摔跤运动员，这时他的名字又改成了多哥托什。

举重运动员为了体重达标剃了个光头

有许多项目（拳击、柔道、举重、摔跤……）的比赛都是按照体重进行分类的。通常，为了体重达标，参赛选手都要强行进行极其严格的节食。但是有时候这还不够，还得耍点花招。美国选手查尔斯·芬奇就是一个证明。他曾获得过 1955 年举重世界锦标赛最轻量级（低于 56 公斤）的银牌，冠军是苏联选手弗拉基米尔·斯托戈夫。查尔斯·芬奇打算在 1956 年墨尔本奥运会上大放异彩，但是，就在 1956 年 11 月 23 日早上，即奥运比赛举行的这一天，他的希望似乎就要化为乌有：在必须的称体重环节，秤上显示他的体重是 56 公斤多一点。裁判因此准备取消他的比赛资格。尽管芬奇去掉了身上一切可以去掉的东西，但终究是白费力气：还是超出了 200 克，这足以让他的奥运梦想破灭。可是，他突然想到了解决办法：查尔斯·芬奇牺牲掉他那乌黑浓密的头发，剃了一个光头。这个天才般的想法终于让他体重达标。在去除了 200 克的重量和灰心的想法后，这个新的光头选手保住了自己的力气。在这场比赛中，查尔斯·芬奇三次一共举起 342.5 公斤，从而摘得金牌，领先于弗拉基米尔·斯托戈夫（337.5 公斤）。

两次凭借自身的体重夺冠

希腊举重运动员皮罗斯·迪马斯，曾经连续三届获得奥运会举重比赛冠军（1992 年、1996 年、2000 年）。这可是重要的功勋。此外，他还担任过 1996 年亚特兰大奥运会开幕式上希腊队的旗手。正如人们看到的那样，1992 年巴塞罗那奥运会上，他凭借着自身的体重夺得冠军。2000 年悉尼奥运会，他的胜利又一次取决于十几克的重量。和德国选手马克·哈斯特以及格鲁吉亚选手乔治·阿萨尼泽一样，皮罗斯·迪马斯的成绩也是总重量 390 公斤。于是通过称量三个人的体重来评定胜者：皮罗斯·迪马斯获得金牌，因为他比德国选手马克·哈斯特轻了 160 克（84 公斤 60 克：84 公斤 220 克），乔治·阿萨尼泽的体重则是 84 公斤 700 克。对于三个强壮的男人来说，这个重量差可谓是轻如鸿毛。

曲棍球
Hockey

好几个巴尔比尔·辛格站上领奖台

有一些姓氏十分常见：法国的马丁、英国的史密斯、中国的张，还有印度的辛格。但在同一个运动中有三名奥运奖牌获得者同名同姓，这倒是非常罕见。这三名奥运奖牌得主就是印度曲棍球国家队的三个巴尔比尔·辛格：老巴尔比尔·辛格获得过 1948 年、1952 年和 1956 年三届奥运金牌（另外他还是 1952 年和 1956 年两届奥运会印度代表团的旗手）；巴尔比尔·辛格·"库拉尔"于 1968 年摘得墨西哥城奥运会的铜牌；而巴尔比尔·辛格·"库拉"也是 1968 年墨西哥城奥运会的铜牌得主。

奇怪的女子曲棍球比赛第一名

　　女子曲棍球是在 1980 年的莫斯科奥运会上被列入奥运比赛项目的，但却是以一种奇怪的方式。事实上，为了响应美国总统吉米·卡特的号召，有五个获得参赛资格的国家抵制了本届奥运会，赛场上只剩下了苏联队。于是，人们又破格找来五个国家，其中就包括津巴布韦。尽管这个国家是在离比赛开始仅仅五周前才受邀，而且是在开幕式之前的那个周末才组建起来的队伍，可它却出人意料地获得了金牌，位列捷克斯洛伐克队和苏联队之前。

乒乓球
Table tennis

起源于英国却在中国大为盛行的运动项目

乒乓球起源于英国，最早被称为"桌上网球"。网球在欧洲一度非常盛行，但在天气不好或者场地有限时，人们就想到把这项运动移到室内进行，在桌子上将球拍过来拍过去。随着这项运动不断演进，新式的项目——乒乓球诞生了。1982年，国际奥委会通过了关于从1988年起把乒乓球列为奥运会正式比赛项目的决定，进一步推动了乒乓球运动的发展和在世界范围内的普及。

不过，最会打乒乓球的选手却并不来自这项运动的发源地，而是来自中国。多年来，中国选手一直在乒乓球项目中有着极为出色的表现，细数中国乒乓球队在历届奥运会上获得的金牌数：汉城奥运会两枚，巴塞罗那奥运会三枚，亚特兰大奥运会四枚，悉尼奥运会四枚，雅典奥运会三枚，北京奥运会四枚，伦敦奥运会四枚，里约热内卢奥运会四枚，东京奥运会四枚……中国乒乓球队一直以"梦之队"的姿态出现在奥运赛场上，乒乓球项目也是中国代表团最为稳固的夺金点之一。

柔 道
Judo

令日本选手意想不到的失败

为了向柔道的创始人加野治五郎致敬，国际奥委会将它纳入了1964 年东京奥运会的比赛项目。日本选手在三个不同重量级别的比赛中获胜：轻量级的中谷武秀、中量级的冈野功和重量级的伊索诸隈。但是，对于所有日本人来说，无差别级比赛才是重头戏，这可是柔道运动本质之所在。决赛中，日本选手角永昭夫正同荷兰选手安东·吉辛克进行较量。日本选手多次发起进攻，可吉辛克纹丝不动，最后反倒是吉辛克压得日本选手动弹不得：在角永昭夫经历磨难、怎么都无法摆脱的 30 秒钟时间里，整个大厅的观众都屏住了呼吸。吉辛克最终获得奥运冠军，而日本举国因为蒙羞而哭泣。在接下来的一年，角永昭夫离开了比赛专用榻榻米，因为他的视网膜脱落，或许更是因为自尊心受到伤害无法愈合。

雪橇及雪车
Luge and Bobsleigh

用一则招聘广告找来的奥运冠军

1928 年圣莫里茨冬奥会上，美国队获得五人雪橇比赛的冠军。这支队伍打头的是年仅 16 岁十分年轻的比利·菲斯克，他可不是等闲之辈。但更令人惊讶的是，另外三名美国参赛选手尼昂·塔克、杰弗里·梅森以及理查德·帕克在几个月前从没有上过雪橇。他们是因为去应聘刊登在《新纽约论坛》中的招聘广告而被选上的。

拳击手成了雪橇运动员

美国选手埃迪·伊根分别获得过夏季奥运会和冬季奥运会的金

牌，这可是独一无二的成绩。埃迪·伊根的童年时代非常艰难，因此他从童年时代就一直抱有摆脱苦难的强烈愿望。后来他成为了一名业余拳击手，并入选参加 1920 年安特卫普奥运会。相较于运动，他更注重学业，可由于比赛是在大学假期举办，因此他无需耽误学习，可以前往欧洲参加比赛。安特卫普奥运会上，他获得了次重量级比赛的金牌。埃迪·伊根并没有选择成为一名职业拳击手，因为他始终看重学业。1924 年巴黎奥运会之后，他便结束了拳击生涯。然而，埃迪·伊根还是保留着对比赛竞争的兴趣。因此，就在离 1932 年普莱西德湖冬奥会开始前不久，他尝试起雪橇运动。很快他就脱颖而出，并入选了冬奥会四人雪橇比赛。埃迪·伊根和他的队

一记KO成为赢家！

友比利·菲斯克、杰伊·奥布莱恩以及克利福德·格雷一起摘得金牌。就这样，埃迪·伊根继夏季奥运会获得一枚金牌十二年后，又拿到一枚冬季奥运会金牌。

摇滚冒险家们的故事

牙买加的瑞格音乐十分有名，同时在体育领域中，因为拥有众多像尤塞恩·博尔特这样的著名短跑运动员而闻名世界。1988 年之前，牙买加从来没有参加过冬季奥运会。就在这一年，四个牙买加人因为参加了四人雪橇比赛而被载入奥运会的历史。两名美国的生意人乔治·惠誉和威廉·马洛尼发现"推车"（一种没上漆的家具安上四个轮子，然后在金斯顿斜坡上高速前进）这种在岛内备受青睐的娱乐和少冰下的雪橇具有一些相似之处。乔治·惠誉和威廉·马洛尼产生了一个离奇的想法，那就是组建一支牙买加雪橇队参加卡尔加里冬奥会。牙买加政府通过了这个计划，乔治·惠誉和威廉·马洛尼开始四处寻找志愿者，但极难找到。最后，他们在牙买加军队里招募到了参加这项冒险运动的比赛者。就这样，直升机驾驶员达力·斯托克斯、部队中尉德文·哈里斯、优秀的短跑运动员迈克尔·怀特和铁路工程师塞缪尔·克莱顿于 1987 年 10 月入选。塞缪尔·克莱顿很快放弃，取而代之的是卡斯韦尔·艾伦。很快，大众就对这支特别的队伍表示出同情，因为他们只花了几周的时间就进入了雪橇领域。为了筹集资金添置装备，什么办法都可以：这些未来的"奥运选手"甚至沦落到了向卡尔加里的观众售卖纪念 T

恤衫的地步！比赛即将开始的时候，卡斯韦尔·艾伦受了伤，代替他的是克里斯·斯托克斯，他来加拿大只是为了给他的兄弟达力加油。奥运会期间，一开始嘲笑他们表现有失水准的北美洲各大媒体来了个 180 度的大转变，为他们加油鼓劲。可惜的是，在他们最后一次下坡时，由于驾驶错误和硬件故障，达力·斯托克斯在一个转弯处失去了对雪橇的控制，整个雪橇翻转过来。在人们的掌声中，这些牙买加选手依靠步行才越过终点线。不过，他们意外成为了名人，乔恩·图尔特尔陶布将他们的故事拍成了电影《摇滚冒险家》（1993 年），电影内容既真实又有着一些自由发挥。

摔 跤
Wrestling

摔跤运动员的风度

1908 年伦敦奥运会，希腊−罗马式摔跤中量级决赛在两名瑞典
选手弗里西奥夫·马尔藤松和莫里茨·安德森之间展开。后者展现
出极大的公平竞赛精神：他同意决赛延期一天举行，以便马尔藤松
能够愈合轻伤。之后，马尔藤松战胜安德森获得金牌。不知道安德
森是否会因为他的风度而感到后悔。

一次没有金牌的摔跤比赛

1912 年斯德哥尔摩奥运会摔跤次重量级决赛由瑞典运动员安德

斯·阿尔格伦对阵芬兰运动员伊瓦尔·博林。经过九个小时的鏖战，两名选手不分高下。评委会决定中断比赛，给两名选手都颁发银牌。因此，获奖名单上的金牌这一行空缺。给这两名勇士各颁发一枚金牌难道不是更好吗？

筋疲力尽，摔跤手决赛弃权

还是 1912 年斯德哥尔摩奥运会，摔跤中量级的半决赛壮烈而滑稽：经过 11 小时 40 分钟、每 30 分钟休息一次的鏖战之后，爱沙尼亚运动员马丁·克莱因终于战胜了芬兰运动员阿尔弗雷德·阿西卡宁。但是，筋疲力尽的他已经不能够在决赛中对抗瑞典选手克拉斯·约翰逊了，后者不战而胜获得金牌。难道马丁·克莱因的银牌不是一枚勇气奖牌吗？

演员纳特·彭德尔顿获得奥运奖牌

纳特·彭德尔顿在电影领域十分有名，因为他拍摄过一百多部影片。但很少有人知道他还获得过奥运奖牌。事实上，作为自由式摔跤冠军的纳特·彭德尔顿获得过 1920 年安特卫普奥运会摔跤重量级比赛的银牌，决赛中他不敌瑞士选手罗伯特·罗斯。之后，他成为了职业摔跤运动员，这让他在十分喜爱格斗比赛的美国享有盛名，并引起了百老汇和好莱坞的注意。他扮演过的最引人瞩目的角色有罗伯特·伦纳德执导的影片《大个子齐格菲尔德》（1936 年）里面的大桑多，影片讲述的是一名德国摔跤兼健美运动员变成马戏明星的故事，还有电视剧《基迪亚雷医生》（1938—1943 年）里面重复出现的角色救护车司机乔·韦曼。

运动员以奇怪的方式夺冠

1924 年巴黎奥运会上，希腊-罗马式摔跤比赛吸引了众多观众来到维勒迪弗。法国选手亨利·德格兰（22 岁）和瑞典选手克拉斯·约翰逊的比赛结束之后，后者被宣布为获胜者。但是法国代表

队却提出申诉，说这名瑞典选手"错误着装"。这个申诉被评委会采纳，在经过六分钟的加时赛后，德格兰获得胜利。瑞典选手坚决抗议，可是评委会却充耳不闻。最终，亨利·德格兰在决赛中对阵芬兰选手埃迪尔·罗森奎斯特并取得胜利，获得金牌。

多才多艺的奥运冠军

法国运动员查尔斯·帕科姆主要因为其体育表现而闻名，但他也是一个多才多艺的人。他的父亲贝诺尼·帕科姆过去也是一名摔跤世界冠军。查尔斯·帕科姆在 1928 年阿姆斯特丹奥运会的自由式摔跤轻量级比赛中获得银牌。更厉害的是，他在 1932 年洛杉矶奥运会上，在决赛中战胜匈牙利选手卡罗利·卡尔帕蒂，获得同一级别的奥运冠军。我们还可以说查尔斯·帕科姆精通音乐，因为他获得过里尔音乐学院小提琴比赛的第一名。另外，他还是一名法学家，工作十分出色。

战胜体重几乎是自己两倍的巨人

苏联运动员亚历山大·梅德韦德曾经连续三次在奥运会上获得过自由式摔跤重量级比赛的冠军（1964 年、1968 年、1972 年）。不过，他的体型对于一名重量级摔跤手来说，并没有什么特别之处，他的最佳体重为 103 公斤。因此，他经常要对抗比他块头大的对手。他最出名的一战就是 1972 年慕尼黑奥运会半决赛时对阵美国选手克里斯·泰勒——泰勒上秤测量的体重为 200 公斤，可梅德韦德凭借着他独一无二的技巧赢得了比赛。

双胞胎兄弟不愿意对打

苏联运动员阿纳托利和谢尔盖·别洛格拉佐夫是一对双胞胎兄弟，两人都是杰出的自由式摔跤比赛冠军。但是，在自由式摔跤这样的运动中，只能有一名获胜者。为了避免赛场对打，别洛格拉佐夫兄弟俩参加了不同级别的比赛：阿纳托利参加的是蝇量级，谢尔盖参加的则是雏量级。就这样，两个人在 1980 年莫斯科奥运会上都成为了奥运冠军。

被判为败方却晋级了

1984 年洛杉矶奥运会上，其中一场争夺决赛权的比赛在美国选手马克·舒尔茨和土耳其选手瑞斯特·卡拉巴贾克之间展开。后者因为肘部骨折放弃了比赛。土耳其队提出申诉，说马克·舒尔茨使用了一个被禁止的动作。评委会成员进行合议，接受了申诉，并将胜利判给了瑞斯特·卡拉巴贾克。当然，后者不可能继续进行比赛。但舒尔茨恰恰相反，虽然被判为败方却没被取消资格。后来，马克·舒尔茨赢得了其他所有的比赛，最终摘得金牌！

金牌运动员的波折人生

鲁隆·加德纳入选美国队参加 2000 年悉尼奥运会希腊–罗马式摔跤比赛之前，只是怀俄明州的一名坚强的农民，在世界舞台上几乎无人知晓，可他却在 130 公斤以下级别比赛中，战胜了被公认为有史以来最伟大的俄罗斯摔跤运动员亚历山大·卡雷琳，获得金牌，从而给人们带来了巨大的惊喜。在诸多烦恼出现之前，鲁隆·加德纳还获得了 2001 年的世界冠军。2002 年，他因雪地车事故坠入冰河。他在一个临时避难处待了好几个小时，救援人员发现了体温过低的他，最终他被切除了一个脚趾。2007 年，他又在一次飞机事故中幸免于难。最后他患上了肥胖症（他的体重超过 200 公斤），2011 年，他参加了一个真人秀电视节目《最强减肥人》，节目里的候选人都要尽可能减去最多的重量。节目还没结束，鲁隆·加德纳就离开了，人们也不知道他到底减了多少公斤的体重。

游泳及跳水
Swimming and Diving

首位奥运游泳冠军不乏幽默感

匈牙利运动员阿尔弗雷德·哈霍斯是奥运会历史上第一个游泳比赛冠军，他的经历让人感到惊奇。一开始，他并不姓哈霍斯，而是姓古特曼。不过，他之所以选择哈霍斯这个在匈牙利语里意为"水手"的姓氏，或许是他认为这有助于他的游泳生涯。1896 年雅典奥运会的游泳比赛是在凉水里（13℃）进行的，并且受到了比雷埃夫斯泽亚湾水流的干扰。因此，为了抵御寒冷，在 1200 米比赛出发之前，他在身体上涂上了好几毫米厚厚一层的油脂。这会不会就是他获胜的秘诀？也许是的。此外，阿尔弗雷德·哈霍斯还不乏幽默感：在他接受希腊君士坦丁王子祝贺的时候，王子问他是在哪里学习到这么高超的游泳本领，阿尔弗雷德·哈霍斯只是简单地回答道："水里。"

用南瓜标注水线

1896 年雅典奥运会 100 米自由泳比赛上，组织者展现出巨大的想象力。一艘轮船将游泳选手运到比雷埃夫斯泽亚湾，在那里用两个浮标标注了出发线。游泳选手朝着海岸冲去，那里的终点线是用一面红旗标注的。至于游泳路线，则是用一系列挖空的南瓜标出来的，它们随着海浪摇摆，干扰到了游泳选手。尽管如此，匈牙利运动员阿尔弗雷德·哈霍斯还是获得了胜利，他领先奥地利选手奥托·赫施曼半米的距离。资料记载共有十名参赛者，但人们并不清楚他们的表现，甚至连他们当中四个人的名字都不知道。

游泳选手从水里出来，因为他觉得水太冷了

尽管参加了 1896 年雅典奥运会游泳 1200 米的比赛，美国选手加德纳·博伊德·威廉姆斯却并没有取得名次，好像是加德纳·博伊德大叫着："真是太冷了！"然后立刻从水里出来而放弃了夺冠的机会。美国队的一名成员汤姆·柯蒂斯说这只是一个杜撰的故事。具体情形现在已无法考证，人们只知道加德纳·博伊德·威廉姆斯确实没有名次。

游泳障碍赛

　　1900 年奥运会参赛者所参加的奇怪的游泳比赛项目中就有 200 米障碍赛。游泳选手需要爬到一根桅杆的顶端，然后先是从排成一列的好几块木板底下游过，再在排成一列的另外几块木板上面走过去。澳大利亚选手弗雷德里克·莱恩取得胜利，用时 2 分 38 秒 4。当然，他一直都是唯一的"游泳障碍赛"的奥运冠军。值得一提的是，弗雷德里克·莱恩并不是一名二流的游泳运动员，因为在本届奥运会上，他在"真正"的 200 米比赛中夺冠，而且在 1902 年，他还是第一个游 100 码用时不到一分钟的人。

由于评委的原因，游泳选手不得不重新下水

1904 年的圣路易斯奥运会组织得混乱无序。50 码自由泳比赛中，选手们到达终点后，漫不经心并且没有能力的评委们竟然不能决定胜利到底是属于匈牙利选手佐尔坦·冯·哈尔迈，还是美国选手斯科特·利里。当时，看上去是佐尔坦·冯·哈尔迈赢得了比赛，可其中一名美国裁判却认为斯科特·利里才是获胜者。此外，斯科特·利里还宣称佐尔坦·冯·哈尔迈拉了他！一场大型斗殴接踵而至。最后，游泳选手重新下水，而那名匈牙利选手最终成为这场重新进行的比赛的获胜者。

1500 米比赛的第二名打破了的世界纪录

英国选手亨利·泰勒是那个时代最优秀的中长距离游泳运动员，也是 1908 年伦敦奥运会的明星选手之一：他在所参加的三个比赛项目中夺冠（400 米、1500 米和 4×200 米接力）。1500 米决赛的过程倒是有点令人惊讶：另一名英国选手托马斯·巴特斯比在比赛开始时一直高频率游动，泰勒毫不退让，在距离终点 200 米处，他猛然加速，凭借着他在多年训练中练就出来的与众不同的耐力，他不负努力，获得了他的第三枚金牌；成功后的泰勒充满喜悦，可他惊讶

地发现托马斯·巴特斯比并没有停止用力，还在继续向前游。实际上，托马斯·巴特斯比多游了100多米……并且将一英里的世界纪录据为己有（24分33秒00），对英国人来说，这是一段不可思议的距离。

女游泳运动员参赛需要长者陪同

1912年斯德哥尔摩奥运会上，女性第一次被允许参加奥运会的游泳和跳水比赛。两名年轻的澳大利亚选手——范妮·杜拉克（22岁）和维赫尔米娜·威利（21岁）前往瑞典。但是她们参加比赛这件事在澳大利亚引起了很长一段时间的争辩：这些年轻姑娘有没有可能会屈服于与良好道德相悖的诱惑？最终，决定由两名长者陪她们一起前往欧洲，以便能够看管她们，这两名长者分别是范妮的姐姐和维赫尔米娜的父亲。而且有相当的理由让她们出发去比赛：她们在唯一的女子个人100米项目上分获前两名，范妮·杜拉克获得冠军，维赫尔米娜·威利则获得亚军。

短裙风波

1920年安特卫普奥运会上，美国跳水女运动员艾琳·里金获得了她的首枚金牌，那时她才14岁。但是，她参加奥运会并不被认为是理所当然的事情，因为在那个年代，有些人认为高强度体力活动会有害于青少年的健康，甚至会阻碍她们未来的生育。为了更好地提醒她还只是一个孩子，有人给了她一些一点儿都不优雅的短裙（短裙被认为是最符合少女的穿着），而不是美国队成年女性运动员所穿的时髦长裙。

因为在中央公园的水池里游泳而被逮捕

1920 年安特卫普奥运会上，美国女运动员埃塞尔达·布莱布特雷获得了女子游泳比赛三个项目的冠军（100 米、300 米、4×100 米接力）。早在 1919 年，她就已经表现突出：她敢于不穿连裤袜游泳，但她也得到了极大的支持；她的行为导致了女游泳运动员规定服装当中的长筒袜被去除。还是来谈谈 1928 年的她：在一次要求增加纽约市游泳池数量的示威活动中，她因为在中央公园的水池里游泳而被逮捕。

运动员伪造证件参加奥运会

美国游泳运动员约翰尼·魏斯穆勒在奥运会上共获得五枚金牌（1924 年巴黎奥运会三枚，1928 年阿姆斯特丹奥运会两枚），之后他因为扮演泰山而举世闻名。不过，当初约翰尼·魏斯穆勒差点因为没有进入美国队而不被允许参加奥运会。事实上，他出生于罗马尼亚的蒂米什瓦拉，当他只有七个月大的时候，随奥地利父母移民到美国。为了"证明"他是美国国籍，约翰尼·魏斯穆勒伪造了其身份文件，假装成他出生在美国的弟弟。人们最终原谅了他的欺骗行为……

奥运女冠军游泳穿越英吉利海峡

　　1924 年巴黎奥运会上，美国女运动员格特鲁德·埃德尔获得一枚金牌和两枚铜牌：4 × 100 米接力赛金牌、100 米和 400 米铜牌。但是，她的名气并不是来自她在奥运会上面的表现。格特鲁德·埃德尔想要进行一些其他的挑战，她梦想成为第一个游泳穿越英吉利海峡的女性。1926 年 8 月 6 日，她成功实现了大多数了解游泳的人认为女性不可能做到的壮举。她从加莱附近的格里斯–内兹海角出发，在波浪起伏的大海里游了大约 14 小时 30 分钟，最终到达英国海岸。从这一天起，格特鲁德·埃德尔体会到了奥运奖牌所不能带给她的荣耀。

从颁奖台下来后，他的金牌就被剥夺

1928 年阿姆斯特丹奥运会上，埃及运动员法里德·西迈卡获得跳水比赛三米跳板项目的金牌。他成为了埃及第一个获得奥运冠军的运动员，这给了这名一直生活在美国的年轻人极大的自豪感。他登上了领奖台，他获得的荣誉使埃及的国旗被升起在旗杆的最高端，埃及国歌被奏响。但是他的胜利只维持了很短的时间：就在颁奖仪式结束后，评委们进行投票，以 5∶4 的结果决定计算"总共八跳的平均分"，这样美国选手皮特·德贾丁斯就应该是获胜者。法里德·西迈卡不得不交出他的金牌，只能得到一枚银牌。然而，他还是埃及的国家英雄，1938 年，他甚至受邀参加了国王法鲁克的婚礼。

因为被蚊子叮咬而弃赛

荷兰选手玛丽亚·布劳恩在阿姆斯特丹奥运会上获得 100 米仰泳和 400 米自由泳的金牌。一直保持着良好状态的她希望在 1932 年的洛杉矶奥运会上继续绽放光芒。实际上，她十分轻松地入围了 400 米自由泳的半决赛……可她却未能参加比赛：因为血液中毒，她被紧急送往医院。根据官方给出的解释，这次她发高烧是由蚊子叮咬引起的。玛丽亚·布劳恩对此一直表示怀疑，因为她认为她的中毒极有可能是她的劲敌美国选手海伦·麦迪逊身边的人造成的。蚊子叮咬仍然是最能说得过去的一个理由，但是，在这次悲惨遭遇结束以后，年仅 21 岁并创造六项世界纪录的玛丽亚·布劳恩立刻决定结束自己的游泳生涯。

加尔马蒂家族的传奇故事

家族现象好像也有权在奥运会的历史里被提及到。然而，就算是遗传基因加上刻苦训练，也有可能会丢掉金牌！

事实上，这样的奥运家族传奇故事频繁上演。加尔马蒂家族就是如此。匈牙利水球比赛冠军德佐·加尔马蒂曾获得过五枚奥运会奖牌（1952 年、1956 年、1964 年的金牌；1948 年的银牌；1960 年的铜牌）。他的妻子伊娃·塞克利是一名游泳运动员，曾获得过 1952 年赫尔辛基奥运会游泳比赛 200 米蛙泳的金牌。他们的女儿安德烈亚·加尔马蒂却打破了家族传统：她在 1972 年慕尼黑奥运会上只摘得 100 米仰泳的银牌和 100 米蝶泳的铜牌。好像他们还在寻找金牌继承人……

当手动计时和人类肉眼判断出现矛盾的时候

1960 年罗马奥运会的 100 米自由泳的决赛被证实进行得异常混乱。美国选手兰斯·拉尔森伸直手臂，看上去第一个触碰到计时器，仅仅领先于澳大利亚选手约翰·德维特一点点。摄像师急忙涌向兰斯·拉尔森，而学哲学的约翰·德维特看上去并没有因为只得到一枚银牌而感到特别失望。然而，主裁判汉斯·朗斯特罗默却宣布获胜者是德维特。那个年代，人们相信通过肉眼看到的名次。不过，还是有三名水线裁判会拿着计时器手动记录每个参赛选手的用时。拉尔森的三个时间分别是 55 秒 0、55 秒 1 和 55 秒 1。德维特的三个计时器上显示的都是 55 秒 2。即使说手动计时不是绝对可靠，那也应该宣布拉尔森才是获胜者。事实上，这个疑点仍然悬而未决，但是，如果使用影像分析这样的现代化技术，人们差不多可以肯定兰斯·拉尔森赢得了比赛。不过，这种所谓的不公平导致了一个后果：从 1964 年东京奥运会起，所有泳池都装上了能感应到参赛者触碰的电子板，而且自动计时优先于人的肉眼判断。

奥运冠军，妇女事业积极分子

美国游泳运动员唐娜·德·瓦罗纳在东京奥运会上获得两枚金牌（400 米混合泳和 4×100 米接力）。之后，她结束体育生涯，成为了一名记者，致力于为女性事业而奋斗。她支持采纳一些原则，力图在教育体制内，依靠联邦州的直接资助，来保障任何人不能因为性别的原因拒绝女性接受教育，其中还包括体育课程。这项斗争取得了胜利，因为这些原则在 1972 年被写入了美国法律中。

前臂骨折的跳水女运动员扳回一城

　　美国选手米奇·金，她是 1968 年墨西哥城奥运会跳水比赛三米板项目的夺冠热门选手之一，各大媒体不但欣赏她的才能和人格，还有她的形体，她十分自信能获得奖牌，因为在倒数第三轮跳水的时候她的成绩排在第一位。但是，就在倒数第二轮跳的时候，她碰到了跳板，前臂骨折了。但她拒绝放弃比赛，并且出现在最后一跳中。可惜啊！因为实在是太疼了，她没能做出完美的动作。她没有

从跳板上滑落，而是掉下了领奖台：她只排在了第四位。不过金牌只是被移交到了下一届，因为她又参加了 1972 年慕尼黑奥运会。决赛前她排名第三，凭借着最后一跳她获得了金牌，并且她想要让自己赢得更加彻底：她尝试了和 1968 年使她前臂骨折的相同动作——转体半翻筋斗。这一次，她完美地完成了这个跳水动作，从而摘得金牌。

太精确反而失去了精确

1972 年慕尼黑奥运会上，电子技术进入到体育领域。游泳比赛中，起跳台上安装了一个压力探测器，它可以自动开始计时。水线上面安装了八台摄像机用来记录距离终点最后两米的情况。但是，400 米混合泳比赛结束之后，瑞典选手贡纳尔·拉尔森和美国选手蒂姆·麦基用时相同：4 分 31 秒 98。所以让电子设备说了算，拉尔森以千分之二秒的微弱优势获得胜利（相当于不到一毫米的距离）。然而，两名游泳运动员相差如此之近，实在不能判定谁胜谁负。很快，计时里不再使用千分之一秒，如果两名选手在同一百分之几秒到达终点的话，那就被视为并列成绩。因此，蒂姆·麦基因为过分追求精确而失去了一枚金牌。

他开创了游泳运动员剃光头的风潮

1976 年蒙特利尔奥运会上，美国游泳运动员迈克·布鲁纳获得了 200 米蝶泳和 4 × 200 米接力的金牌。更特别的是，迈克·布鲁纳在这届奥运会上开启了一项潮流：他是第一个剃着光头出现在比赛出发点的游泳运动员，这可以使人在水中有着更好的穿透性。因此，为了能赢得百分之几秒的时间，迈克·布鲁纳牺牲了他的浓密头发，而这种做法后来便在游泳运动员中盛行。当然，参照著名光头演员尤·伯连纳的名字，他也赢得了一个绰号——"尤"。

因为睡着而"忘记"成为奥运冠军

1984 年洛杉矶奥运会上，德国游泳运动员托马斯·法尔纳因为"睡着"了，在 400 米自由泳半决赛中被淘汰出局。那个时候的奥运会，还会组织一场"安慰决赛"，参赛者是半决赛里获得第九名至第十六名的选手。托马斯·法尔纳在这场"安慰决赛"中获胜，用时 3 分 50 秒 91，这个成绩比"真正"决赛当中夺冠的美国选手乔治·迪卡洛还要好。

把头撞到跳板的金牌选手

美国选手格雷格·洛加尼斯哪怕不算是最好的跳水运动员，他也被认为是有史以来最优秀的跳水运动员之一。他在历届奥运会上共获得过四枚金牌和一枚银牌，还获得过五枚世界锦标赛的金牌。"观看格雷格·洛加尼斯跳水，就如同在看米哈伊尔·巴里奇尼科夫舞蹈"，1988 年汉城奥运会时，他的教练罗恩·奥布莱恩如是说道。

然而，这个"巴里奇尼科夫"却踏错一步，导致他成为了比起体育表现更喜欢看笑话的电视观众的谈资。事实上，在三米跳板比赛的第九跳当中，他的头碰到了跳板，鲜血从伤口流了出来。但这个事故并没有干扰到他，最终他还是获得了金牌。相反，他的不幸遭遇使在他后面进行跳水比赛的一名运动员分了心：他的表现实在是太差了，以致获得了奥运会历史上的第一个0分！

"鳗鱼埃里克"的不凡经历

2000年悉尼奥运会上，全世界的电视观众都看到了几内亚游泳运动员埃里克·穆桑巴尼的影像，他独自游在他的100米泳道中，看上去不像在完美表现，而更像是要溺水了。事实上，埃里克·穆桑巴尼仅在奥运会开始前的八个月学会了游泳；他平生还从来没有连续游过100米的距离，也从没有见过50米的游泳池，他在一个只有20米的酒店游泳池里进行训练。然而，他凭借着允许发展中国家参加奥运会这样一个特别准许的机会报名参加了这届奥运会，哪怕他的国家根本就没有高水平体育训练所需要的昂贵设施。他被排在了100米的第一组，和他一起比赛的是另外两名缺乏经验的游泳选手——尼日利亚选手卡里姆·巴尔和乍得选手法尔霍德·奥里波夫，不过，卡里姆·巴尔和法尔霍德·奥里波夫由于出发时犯规被取消了比赛资格，所以埃里克·穆桑巴尼只能独自一个人比赛。在全场既热情又富有同情心的观众的掌声中，他完成了100米的比赛，用时1分52秒72，比表现优异的选手们慢了将近一半，比倒数第二名的巴林选手达伍德·优素福·穆罕默德的用时还多出 50 秒。新闻界给了他一个外号，叫"鳗鱼埃里克"，大众也觉得这位游泳运动员十分亲切，很快就有一个赞助商（泳衣生产商）邀请他环游欧洲。

在比赛前不久才学会游泳的奥运选手

埃里克·穆桑巴尼并不是出现在澳大利亚的唯一一名几内亚的游泳运动员，陪他一起的还有一名曾经的足球女运动员保拉·巴里拉·波洛帕，她参加的是 50 米游泳比赛。如果说埃里克·穆桑巴尼仅在奥运会开始前的八个月学会的游泳，那么保拉·巴里拉·波洛帕则是在奥运会开始前的一个半月学会的游泳！和埃里克·穆桑巴尼一样，她也是获得了特别准许而参加奥运会。她游完 50 米，用时 1 分 3 秒 97，堪称最差，重大比赛中该项目还从未有过这么差的成绩。当时，观众们给她鼓劲加油，各媒体争相采访她。然而，埃里克·穆桑巴尼最后真正出名了，而保拉·巴里拉·波洛帕却只享受了一小段时间的荣光。这届奥运会之后，她又重新回到超市收银员的工作中。

迈克尔·菲尔普斯竟然怕水

众所周知，美国游泳运动员迈克尔·菲尔普斯是拥有最多冠军头衔的人：他共获得 22 枚奖牌，其中包括 18 枚奥运会金牌。然而，当他还是孩子的时候，他竟然怕水！小迈克尔·菲尔普斯其实是一个因为自己的长胳膊和大耳朵而感到自卑的小孩。他的同班同学甚至还嘲笑他长着一颗土耳其人的脑袋。此外，他还在利他林接受过针对注意力不集中和多动症的治疗。为了摆脱治疗，迈克尔·菲尔普斯克服了对水的恐惧，同意学习游泳。就这样他的命运被改变了。荣耀通常出自磨难……

"败于一根手指"

美国游泳女运动员达拉·托雷斯在 2008 年北京奥运会上，以 41 岁的高龄，在一个通常被认为青少年表现更出彩的项目中共获得三枚银牌。然而，她认为自己因为年轻时候的一个错误而错过了 50 米游的金牌。她曾经以百分之一秒的劣势输给了德国选手布里塔·斯蒂芬（24 秒 06：24 秒 07），为了维护荣誉，她指出那次失利的实情或许是因为她当天上午才被切掉了手指。还从来没有人这么正义地使用过"败于一根手指"这样的说法！

游泳运动员真正的功绩

2016 年里约热内卢奥运会上，尤斯拉·马尔迪尼在 100 米自由泳和 100 米蝶泳比赛中被淘汰出局。不过她的功绩体现在别的方面。还是小姑娘的时候，她就酷爱游泳，战争爆发时她每天都花费好几个小时在大马士革的泳池里训练。2015 年，和成千上万躲避战乱的人们一样，她搭乘临时船只，途经希腊的莱斯沃斯岛前往欧洲。

但是，载有十八名乘客的脆弱小船抛锚了，尤斯拉·马尔迪尼利用了她作为游泳选手的优势，和她的姐姐以及第三名女士，一起花了整整三个小时的时间推动并且把小船拉到了海岛的岸边。在德国，这位18岁的年轻姑娘重新开始训练，因为国际奥委会决定组建一支难民队参加里约热内卢奥运会，将这些难民汇集到五环旗下。尤斯拉·马尔迪尼不断进步，最终入选参加比赛，并实现了她的奥林匹克梦想。2017年，她被联合国难民总署任命为亲善大使。

价值百万美元的"蝴蝶"

年轻的约瑟·司库林（21岁）在2016年里约热内卢奥运会上获得100米蝶泳的冠军，让世人惊讶不已。尤其是他竟然战胜了他的偶像迈克尔·菲尔普斯。约瑟·司库林被载入历史：他成为第一

个为新加坡夺得奥运金牌的运动员。这样的成绩必然收获奖金。事实上，新加坡是一个对获得里约热内卢奥运奖牌的运动员最为慷慨的国家，一枚金牌可以获得一百万美元的奖金。因此，约瑟·司库林既实现了梦想，又发了财！

傅园慧因为一段采访红透网络

2016 年里约热内卢奥运会期间，中国游泳运动员傅园慧可谓是火遍整个网络，《赫芬顿邮报》称："傅园慧是里约热内卢奥运会上最招人喜欢的运动员。"不过，傅园慧获得大众的关注并不仅仅是因为她获得了奖牌，而主要是因为她面对镜头时展现的不同寻常的自信和快乐！

2016 年 8 月 8 日，里约热内卢奥运会女子 100 米仰泳半决赛中，傅园慧以 58 秒 95 的成绩位列第三，成功晋级决赛。从泳池走出来后，记者告诉傅园慧这次比赛游进了 58 秒，没想到本来神态平静的她，瞬间倒吸口气，张大嘴巴，眼睛瞪得大大的，像小孩子一样惊喜地说："58 秒 95？我以为是 59 秒！我游这么快？我很满意！"当记者问她今天的状态是否有所保留时，她丝毫没有犹豫地答道："没有保留，我已经——我已经——用了洪荒之力了！"这段采访中，傅园慧夸张可爱的表现让人为之开怀大笑，她比赛之后发自内心的激动和欣喜，真心地享受体育运动的快乐感染了每一位观众。因此这段媒体采访视频一播出，瞬间在网络上被疯狂转载，她的视频被截图做成各种表情包在国内外各大网站流传，"洪荒之力"这个词甚至入选了 2016 中国十大网络热词。后来，在 100 米仰泳决赛中，她以 58 秒 76 再次刷新个人最好成绩，最终并列第三夺得铜牌，这是中国运动员在奥运会上夺得的第一枚仰泳奖牌。

滑　冰
Skating

滑冰界的"裙子"革命

1908 年伦敦（夏季）奥运会上，花样滑冰第一次被纳入奥运会比赛项目，英国选手玛琪·塞耶斯获得女子比赛的金牌。此前，她还在滑冰界发起了一场革命。实际上，世界锦标赛创办于 1896 年，原则上只有男性参加。然而玛琪·塞耶斯发现没有任何的规则禁止女性报名参加比赛，于是她和男选手一样参加了 1902 年世界锦标赛：她身穿直至脚踝的长裙，获得了第二名，第一名是瑞典男选手乌尔里希·萨尔乔。于是，国际滑联修改了规定，禁止女性和男性同台竞技，因为"裙子的长度会阻碍裁判更好地看到滑冰女选手的脚"。玛琪·塞耶斯又一次绕过了难题，并开创了一个新的潮流，即身穿中短裙滑冰。1906年，国际滑联将往事一笔勾销，决定创办一届女子世界锦标赛，在该比赛中玛琪·塞耶斯夺得冠军。

由于天气炎热，滑冰比赛被取消

1928年圣莫里茨冬季奥运会被一场高温打乱。就这样，挪威主裁判宣布取消速度滑冰10000米的比赛，因为西南风将气温升到了25℃，跑道已开始融化！然而，确切消息表明那个时候美国选手欧文·贾菲领先于所有的挪威选手，名列排行榜榜首。

关于速度滑冰比赛的集体出发

1932 年普莱西德湖冬奥会的速度滑冰各项比赛并没有按照惯例举行，以前参赛者都是两两出发，根据计时决定成绩，这个规则自十九世纪末就没有变过。而这届的组织者却决定根据北美洲现行的规则，采用集体出发的形式。因此，这对于已经习惯了这个规则的美国滑冰选手极为有利，他们一共获得了四枚金牌（杰克·谢伊和欧文·贾菲各得两枚）。值得补充的是，速度滑冰集体出发于 2018 年重新回到平昌冬奥会上，这一次是为了满足电视转播的需要——电视转播总是追求精彩绝伦的比赛效果。

为了生存卖掉奥运奖牌

1932 年普莱西德湖冬奥会上，美国速度滑冰运动员欧文·贾菲获得两枚金牌（5000 米和 10000 米）。后来，他靠进行一些滑冰表演谋生。但是经济大萧条席卷美国，为了生存，他被迫将他的奥运奖牌以三千美元的价格卖给了一家当铺……再后来，他尝试着赎回他的奥运纪念，但是那个当铺公司已经破产，他再也没能找回他的战利品。

历史上最具家庭氛围的颁奖台

1952年奥斯陆冬奥会的花样滑冰双人滑比赛结果特别值得一提：事实上，获得冠军的德国选手保罗和莉亚·福尔克是一对夫妻，获得亚军的美国选手彼得和卡洛斯·肯尼迪是兄妹，而季军得主匈牙利的拉斯洛和玛丽安娜·纳吉也是兄妹。还从来没有过这么具有家庭氛围的颁奖仪式……

获胜法宝记录

众所周知，运动员经常会有点迷信，他们中有很多人都会有一些"仪式"和一些能够带来幸运的物品。但美国滑冰女运动员安妮·亨宁却放宽了这个方面的记录：1972年札幌冬奥会上，16岁的她带着一个娃娃、一个四叶草饰品、一个圣诞装饰品，当然，还有一颗日本珍珠。这些东西可以说片刻不离其身。多亏有了所有这些法宝，当然，主要还是因为她自身的才能，她战胜了两名苏联运动员获得了500米的冠军。

意想不到的金牌

2002年盐湖城冬奥会上，史蒂文·布拉德伯里获得短道速滑1000米的冠军，成为第一个在冬季奥运会上获得金牌的澳大利亚运

动员。他也因此被载入历史。但是让他取得成功的那些荒诞条件使他成为了世界级明星，这场比赛的决赛视频成为了电视花絮的标杆之一。一开始，他就应该在四分之一决赛中被淘汰出局，因为他是第三名（只有前两名选手才能晋级），他后来又恢复了比赛资格，因为原来获得第二名的加拿大选手马克·加尼翁被判了"不正当接触"。接着，在二分之一决赛中，好几名参赛者都因为身体接触摔倒了，这为他敞开了通往决赛的大门。决赛中，他的四名对手齐头并进，他远远地在后面跟滑，被先头部队甩下了好几米的距离。但是，就在最后一个转弯处，那四名选手撞到了一起，全部摔倒在冰面上。相隔甚远的史蒂文·布拉德伯里躲过了这次意外。所以他第一个冲过终点线，令人意想不到地获得了金牌。

弄错跑道失去了金牌

荷兰运动员斯文·克莱默是 2000 年至 2010 年期间速度滑冰比赛长距离项目（5000 米、10000 米）最优秀的运动员之一。他获得过四枚奥运金牌，但如果不是因为他的教练犯了一个令人难以置信的错误，他还会在 2010 年温哥华冬奥会上拥有第五枚金牌。事实上，已经在本届奥运会上摘得 5000 米比赛金牌的他，还将在 10000 米比赛中创造最佳战绩。可是，滑了 6600 米后，就在他要转入外道的时候，他的教练杰拉德·肯克斯由于在他的笔记本上记录时间而分了心，告诉他应该进内道。斯文·克莱默照做不误，然而，当听到现场观众反应过来发出的声音时，他立刻明白"有点问题"。实际上，斯文·克莱默本应该进外道。他继续比赛，结束时用时 12 分 54 秒 50，这是一个相当出色的成绩；当然，他马上就被取消了资格，将金牌拱手让给了韩国选手李承勋（12 分 58 秒 55），这对后者来说真是一个意外的收获啊！

现代五项运动

Modern Pentathlon

现代五项运动是一项"军事"发明

现代五项运动自 1912 年起被纳入奥运会比赛项目。和许多新鲜事物一样，其发明要归功于皮埃尔·德·顾拜旦。不过，这项运动来源于古代，并且和军事领域有关。在古希腊举行的奥运会上，五项运动就于公元前 708 年被纳入比赛项目，是一个十分重要的比赛。参赛者要进行五个项目的角逐：体育场内赛跑（192.27 米）、跳远、铁饼、标枪以及最后的摔跤。皮埃尔·德·顾拜旦产生了一个让这个项目重生的想法，他是一名和平主义者，但 1870 年战败给他造成的精神上的创伤造就了他的性格，他一直十分欣赏 19 世纪的军人们。他从一个 19 世纪的故事中获得灵感，联想到了一位骑兵部队军官为了在敌人后方传递情报所遇到的困难：先是骑马出发，然后不得不持剑和一名战士决斗，接着他还使用了手枪，他的马死了，他继续跑步赶路，而后又游泳渡河，最终完成了任务。于是，骑马、击剑、射击、跑步和游泳这五个项目组成了现代五项运动。在皮埃尔·德·顾拜旦的《奥林匹克回忆录》（1931 年）中，他重新谈到了现代五项运动的起源，对其最初的想法走上歧途感到万分惋惜。

军官在射击比赛中脱靶

乔治·巴顿将军在第二次世界大战期间享有盛誉，尤其是他率领的美国第三军团，不过他也参加过奥运会：他在 1912 年斯德哥尔摩奥运会上获得现代五项运动的第五名。这个成绩特别值得一提，因为他是插在六名瑞典选手当中的唯一一个"外国人"。乔治·巴顿本应该获得一枚奖牌的，但他因为在射击比赛中的一个反常表现失败了，这对于一名军官来说还真不是一件寻常的事情。实际情形是这样的：他在一次射击时脱靶了，从而在射击这个项目上只获得了第二十名。巴顿提出了抗议，他十分确定那颗子弹是从之前射出的另一颗子弹所打穿的洞里穿出去的，这个理由未免有点说不过去。

冬季奥运会上的现代五项运动

现代五项运动从 1912 年开始成为夏季奥运会的比赛项目。然而，1948 年的圣莫里茨冬奥会上也举办了"冬季现代五项"（作为体育观赏项目）。比赛项目包括越野滑雪、射击、高山滑雪（速降）、击剑和骑马。与"夏季"现代五项运动相比，越野滑雪和高山滑雪代替了跑步和游泳。这次的冬季现代五项运动见证了瑞典人的胜利，因为瑞典运动员古斯塔夫·林德获得冠军，亚军和季军分别是他的同胞威廉·格鲁特和贝尔蒂尔·哈斯。还有一个有趣的细节：几个月后，威廉·格鲁特在伦敦夏季奥运会上获得现代五项运动的金牌。

第一位因为喝了两份啤酒而被取消资格的奥运冠军

1968 年，最早的针对格勒诺布尔和墨西哥城奥运会的兴奋剂检测制度被正式建立。第一位被检测出阳性的奥运冠军是瑞典运动员汉斯-古纳尔·利延沃尔，他是墨西哥城奥运会现代五项运动里的高手。因为他的尿液中酒精成分过量而被判定服用了兴奋剂。他声称为了摆脱紧张的情绪，自己在赛前喝了两份啤酒。汉斯-古纳尔·利延沃尔因此成为了服用兴奋剂超长名单上的第一人，也是提出含糊解释的第一人……

你得面向我往这个
气球里吹气！

是我还是马？

橄榄球
Rugby

橄榄球比赛曾被剔除出奥运比赛项目

橄榄球虽然是一个小众运动，却进入过1900年、1908年、1920年和1924年的奥运会。1924年巴黎奥运会上，三支队伍参加了比赛：法国队、罗马尼亚队以及美国队。在法国队（61∶0）和美国队（37∶0）大胜罗马尼亚队之后，5月18号决定性的比赛由法国队对阵美国队。观众们大规模前往科隆布体育场，人数多达两万。法国的十五人队伍里包括一些能力极强的选手，如侧翼的阿道夫·饶勒盖伊、中间位置的安德烈·贝霍特盖伊、后卫勒内·拉塞尔。而美国为了组建球队，招募了一些足球运动员，他们都是一些从来没有比过任何一场橄榄球赛、只是去英国进行过橄榄球速成训练的壮汉。

这次遭遇变成了一场极其残酷的对抗，《插图小报》的记者回忆道："这是一场令人郁闷、滑稽可笑的比赛。"亨利·德·蒙特兰特既抒情又失望地总结道："我观看过超过一百五十场的混乱比赛，但我还从没有见过这样一场比赛，在一个半小时的时间里，竟然有三个人被担架抬了出去。只有极少一部分参赛者具有男子汉气概，能引起人们注意，大部分都充满了暴力……法国球员，如饶勒盖伊和韦斯，在强劲对手的重压下奋力拼搏，显然之前人们是大大地低估了他们。而之后发生的事情就是，看台上的两万名观众眼睁睁地看着美国队这些足球运动员的分数渐渐增加，弱者对于强者的仇恨也高涨起来。"最终美国队以17：3获得胜利。比赛结束后，观众闯入球场，大声辱骂美国选手，星条旗被撕碎。"法国人极度仇外的情绪被激发了。"蒙特兰特如是写道。这场暴力十足的比赛，尤其是法国观众的极端做法产生了一个严重的后果：橄榄球比赛被剔除出奥运会比赛项目长达近一个世纪，直到2016年奥运会人们才重新看到它，这时候队伍的人数已经变为七人。

滑雪及单板滑雪
Skiing and Snowboarding

时隔50年才被追授奖牌

1924年夏蒙尼冬奥会的跳台滑雪比赛的前三名被挪威运动员包揽。雅各布·塔林·谭斯、纳尔夫·博纳、伊霍莱夫·豪格占据了领奖台头三名的位置，而美国选手安德斯·豪根是第四名。然而，许多年之后，挪威运动历史学家雅各布·瓦格指出了当年的一个评分错误，证实安德斯·豪根的排名应该在伊霍莱夫·豪格的前面。因此，国际奥委会修正了排名，可时间已经来到了1974年！就这样，安德斯·豪根在比赛结束后的半个世纪才成为了奥运会奖牌获得者。此时86岁高龄的他前往挪威，从伊霍莱夫·豪格女儿的手中接过属于他的铜牌，成就了一段美丽的奥运故事。

为什么瑞典越野滑雪运动员的衣服长时间以来都是白色

瑞典的国旗图案为蓝底加一个黄色的十字。因此瑞典越野滑雪运动员传统上都身穿蓝色的衣服。然而，1928 年圣莫里茨冬奥会上，瑞典越野滑雪运动员佩尔-埃里克·赫德伦德却找人定制了一套白色衣服，比瑞典代表团官方的蓝色衣服更轻；但是，由于人们一直以来都很严肃地看待代表其国家的颜色，因此瑞典奥运代表团的官员们威胁说如果他坚持身穿白色衣服滑雪的话，就会将他开除出比赛；佩尔-埃里克·赫德伦德没有屈服，50 公里越野滑雪比赛中，他穿着这套白色衣服，戴着一顶红色绒线帽出发了。最终，在这场因为阳光照射，厚厚的积雪渐渐融化成泥泞的雪水而变得异常艰难的比赛中，他那套轻盈的白色衣服反倒有了优势：他领先于他的同胞古斯塔夫·琼森和沃尔格·安德森 13 分钟，从而获得冠军。为了庆祝他的胜利，瑞典决定以后他们的越野滑雪运动员都穿白色衣服，而在其他运动项目上，瑞典选手则穿蓝黄色的衣服。这个传统一直到 2000 年才消失。

因临时修理装备而获得冠军

有着"基茨黑色闪电"之称的奥地利运动员托尼·赛勒因为在 1956 年科尔蒂纳丹佩佐冬奥会上获得三枚金牌而成为高山滑雪的传奇人物。他首先是在大回转滑雪比赛中击败他的同胞安德勒·莫尔特勒（亚军，6秒2之差）以及沃尔特·舒斯特（季军，7秒1之差）。接着又在长达将近五个小时的特殊回转比赛中夺冠（108名选手参赛）。最后，为了成为因战争而伤痕累累的奥地利苦苦追求的英雄，他必须取得高山滑雪速降的胜利。然而，就在站上坡道离出发还有一刻钟的时候，塞勒发现用来固定他滑雪鞋的其中一根皮带断了，意大利队的教练汉斯·森格给他借来了一根。尽管只是临时性的修理，这道"基茨黑色闪电"还是冒着极大的风险登上了令人恐惧的托法内赛道。他差一点摔倒，但重新调整后，最终击败瑞士选手雷蒙德·费莱（3秒5之差）取得完胜。一名凭借着临时修理装备而获得奥运冠军的偶像就这样诞生了。

他们不太会射击却参加了滑雪射击比赛

滑雪射击这项结合了滑雪和射击的运动于1960年斯阔谷冬奥会上被纳入了比赛项目。瑞典运动员克拉斯·勒斯坦德是一名举世无双的神枪手（他是唯一一个击落所有20个目标的人），成为了该项目第一个奥运冠军。法国选手维克多·阿尔贝兹和勒内·梅西尔作为优秀的越野滑雪运动员，参加这项新的比赛其实是有点违背他们的意愿的。维克多·阿尔贝兹和勒内·梅西尔在滑雪这一项取得了最好的成绩，但他们十分不习惯射击，只训练过雷明顿步枪射击。勒内·梅西尔20个目标中有15个没有射中，排名第22。维克多·阿尔贝兹20个目标中错过18个，名次滑落到了第25名。

15 公里越野滑雪比赛的结局导致规则的改变

  1980 年普莱西德湖冬奥会的 15 公里越野滑雪比赛是历史上强度
最大并且最为紧张的一场比赛。瑞典选手托马斯·沃斯伯格和芬兰
选手朱哈·米埃托之间的对决一直留存在人们的记忆中，而这场比
赛的结局后来引起了规则的改变。朱哈·米埃托第 54 位出发，托马
斯·沃斯伯格第 63 位也就是最后一个出发。朱哈·米埃托顺利出
发，可托马斯·沃斯伯格却被优秀的挪威选手欧维·奥恩利钳制了
脚步，他奋力追赶了 5 公里，越滑越快。10 公里处，沃斯伯格以 4

秒 8 领先于米埃托。米埃托加快了步伐，用时 41 分 57 秒 64 完成了比赛，比暂时领先的苏联选手尼古拉·齐米亚托夫快了 36 秒。还在和奥恩利一起滑的沃斯伯格在离终点还有 500 米处得知虽然自己的体力越来越弱，但还是领先于米埃托一秒，他拼尽了最后一点体力，最终以 41 分 57 秒 63 完赛。就因为这百分之一秒的差距，他从米埃托的手中夺回了金牌！然而，尽管拥有高端科技，越野滑雪比赛中还是不可能以百分之一秒来裁定参赛选手的输赢。沃斯伯格建议米埃托把他们的奖牌分成两半，然后把它们一起融化，打造成一枚金银混合在一起的奖牌。米埃托十分有礼貌地表示了感谢，但拒绝了这个主意。不过，这个小插曲发生之后，国际滑联决定从今往后，所有的越野滑雪比赛都四舍五入到最接近的十分之一秒，从而放弃了以百分之一秒计时的方法。

13 号星期五的意外

1998 年的长野冬奥会大大受到了反复无常的天气变化的干扰，记者皮埃尔·富拉日复一日地报道："这里是长野……无事发生。"因为这件事他出人意料地变得十分有名（新闻界那些搞笑的人甚至照着他的样子创造出了木偶）。本应在 2 月 8 日举行的男子滑雪速降比赛被推迟了好几次。最终在 2 月 13 日，一个星期五举行。此外，还有一个旗门的位置略微发生了改变。因此，最大的夺冠热门人物、背上显示着四号标志的奥地利选手赫尔曼·迈尔在比赛开始不到 20 秒的时间里就"飞"了出去：因为错过一个拐弯，这名选手摔在厚厚的积雪上不停翻滚，三个防护网都没能挡住他。人们担心情况会变得更糟糕，可在这惊天动地的摔倒后，这位滑雪运动员竟重新站了起来，只是受了一点点挫伤而已。尽管发生了这个事故，三天后他还是站到了超级大回转比赛的起点，并摘得金牌。沉浸在爱河的他将颁发给胜利者的花束送给了他的女朋友佩特拉。

"抓板"搞砸了比赛

2006 年都灵冬奥会的女子单板滑雪比赛以戏剧性的一幕结束。遥遥领先的美国运动员林赛·雅各布利斯决定"大秀一把"，不要忘了，单板滑雪是一项极富趣味性的运动。为了给自己的胜利增加光芒，她的最后一跳选择了"抓板"来增加比赛的刺激性，这是一个用一只手抓住雪板的动作，然而她却搞砸了，将金牌拱手让给了瑞士选手塔尼娅·弗里登，这个结局大大出乎人们的意料。

用奖牌换枫糖浆

2006 年都灵冬奥会女子越野滑雪集体冲刺赛上，加拿大运动员莎拉·雷纳的滑雪手杖断了。挪威队的教练比约纳尔·哈肯斯莫恩给了她一根替换手杖让她不要放弃比赛。由莎拉·雷纳和贝基·斯科特组成的加拿大两人组获得了银牌，而挪威队只得了第四名。为了感谢和报答这名好心的挪威队教练，莎拉·雷纳送了他一瓶葡萄酒，而一名加拿大商人竟然将八千瓶枫糖浆送给了挪威奥运协会。

勇气奖牌

2010 年温哥华冬奥会上，位于惠斯勒溪畔、举行女子高山滑雪速降比赛的弗朗茨赛道难度极大，此外，比赛日那一天，本来就凹凸不平的赛道上还结了一层薄冰。因此，许多滑雪运动员都重重摔倒在地。一样，瑞典运动员安雅·帕森一个跳跃，跳到了 60 米的高度，却"降落"在了一个隆起的部分，重重地仰天摔倒在地：她的左小腿和大腿部分有多处瘀伤。然而，第二天，她又出现在了超级组合赛的比赛现场——她可是夺冠热门选手之一。最终，她获得第三名，冠军是德国运动员玛丽亚·里施。毫无疑问，对于一名身体上有多处瘀伤的女滑雪运动员来说，这是一枚"勇气奖牌"。

玛丽恩·罗兰遭遇到的不公

影像有时候是残酷的，尤其是被全世界转播的时候。2010年温哥华冬奥会上，法国女运动员玛丽恩·罗兰在滑雪速降比赛中或许让成千上万的电视观众笑出了声来：一扇小门开启时出现了错误，造成了她的摔倒。就在几秒钟的时间内，四年的努力化为乌有；关于她不幸遭遇的视频传遍了全世界，玛丽恩·罗兰成了众多人嘲笑的对象。可没有人知道，这个可笑的摔跤看上去摔得不重，可实际情况并非如此：玛丽恩·罗兰左膝错位，并且十字韧带断裂。然而，既受了重伤，又感觉到被深深冒犯的玛丽恩·罗兰硬是康复了，并且在2013年漂亮地扳回一城：她获得了施拉德明（奥地利）世界锦标赛滑雪速降比赛的冠军。

杜福尔-拉普安特姐妹们的传奇故事

家族胜利在奥运会的比赛中并不稀奇。获得过自由式滑雪冠军的杜福尔-拉普安特姐妹就是一个很好的例子：2014年索契冬奥会上，贾斯汀·杜福尔-拉普安特（20岁）战胜了克洛伊·杜福尔-拉普安特（23岁），获得了大师赛的冠军。另外，杜福尔-拉普安特家族的第三名选手，也就是最年长的马克西姆（25岁）也参加了这届冬奥会，不过她在半决赛就被淘汰了。所以说，老幺战胜了老二，而老大甚至都没进决赛。

是不是因为评委会忽略了规则，
他才获得了 2018 年的冠军？

荣获 2014 年索契冬奥会单板越野滑雪比赛冠军的法国运动员皮埃尔·克罗瓦耶在 2018 年的平昌冬奥会上延续辉煌蝉联冠军，不过其中的故事简直荒唐离奇、闻所未闻。事实上，半决赛时，澳大利亚选手贾里德·休斯在拐弯的时候选错了路线，导致所有参赛选手摔倒在地。皮埃尔·克罗瓦耶脱掉鞋子，重新固定滑板，最终获得第三名，神奇般地获得了决赛资格，而且决赛中他也高举双手获得胜利。真可以说这是"神奇事件"，因为比赛规则中有一点：凡是打着赤脚的参赛选手一律取消其比赛资格，因此他本不应该被允许参加决赛。可是，所有的人都忽略了规则上的这一点……而且规则上还有一条指出：一旦评委会给出的排名生效，那就是最终的裁定。皮埃尔·克罗瓦耶因此再也不能被取消资格。

平昌冬奥会上，滑雪运动员弄错了赛道

2018 年平昌冬奥会的最后一项比赛——女子 30 公里自由式越野滑雪传统项目的比赛完美收官，因为人们见证了挪威运动员马里特·比约根的胜利，她获得了她的第十五枚奥运奖牌，这在冬奥会的历史上是一个绝对的纪录。但是比赛也见证了奥地利运动员特蕾

莎·斯塔德洛伯的失败。这名运动员 25 岁的时候就迫不及待想要完成夺冠的人生壮举。事实上，她从来没有在冬奥会或世界锦标赛上获得过骄人的成绩，而现在为了获得银牌，她正和芬兰选手克里斯塔·帕马科斯基较量；距离终点 10 公里处，她加快了速度……然而她弄错了赛道。当她意识到自己的错误时，当然得调头返回，但她因此比她的对手多滑了半公里多的距离。回到正确赛道的她完成了比赛，最终获得了第九名。

拥有三重身份的滑雪天才少女谷爱凌

在 2022 北京冬奥会上，中国自由式滑雪运动员谷爱凌横空出世，获得自由式滑雪女子大跳台和自由式滑雪女子 U 形场地 2 枚金牌，1 枚自由式滑雪坡面障碍技巧银牌。2003 年出生的她成为史上最年轻的自由滑雪金牌得主，也成为中国史上第一位获得自由滑雪金牌的得主。在此之前，她是一名斯坦福大学的量子物理学生，也是一位时尚模特。事情是这样的，2020 年 12 月，当谷爱凌拿到美国斯坦福大学的录取通知书后，热爱滑雪运动的她决定将报到时间推迟一年，在 2022 年初比完北京冬奥会后，再去斯坦福上学。幸好她做了这个决定！谷爱凌说，她推广滑雪这项运动，是为了激励其他女孩，"我想要激励年轻女孩们，想要推广这个运动，还有那些年轻女孩们，她们可能在电视上没有看到过这样的滑雪榜样，能够改变这样的现状，就是我发自内心做这个决定的原因。"

跆拳道
Taekwondo

跆拳道选手竟然殴打裁判

2008 年北京奥运会跆拳道 80 公斤以下级比赛的铜牌之战在一片混乱中结束。古巴选手安吉尔·马托斯以 3∶2 暂时领先于哈萨克选手阿尔曼·奇尔马诺夫。由于脚趾受伤,安吉尔·马托斯让人替他治疗。在规定好的医疗限定时间过去后,治疗还没有结束,裁判失去了耐心,随即取消了古巴选手的比赛资格。这名古巴人一时冲动,突然朝着裁判的脸上猛地踢了一脚。安吉尔·马托斯因为"严重违背跆拳道运动及奥运会精神",被终身禁止参加任何国际性比赛。

关于跆拳道比赛的美妙故事

体育方面经常会发生一些美妙的故事，发生在艾哈迈德·阿布格豪斯身上的故事就是其中一个。艾哈迈德·阿布格豪斯出生于巴勒斯坦，当他还是孩子的时候，为了躲避战乱，他不得不跟随他的祖父母前往约旦的难民营。而他也给了这个收容他的国家巨大的回报。事实上，虽然约旦从 1980 年开始参加奥运会，但该国从来没有获得过奖牌。2016 年里约热内卢奥运会跆拳道 68 公斤以下级别的比赛中，艾哈迈德·阿布格豪斯摘得金牌，从而填补了这一空白。

网　球
Tennis

从"泰坦尼克号"海难中逃生并成为奥运冠军

　　1924 年巴黎奥运会上，美国网球运动员理查德·威廉姆斯连同黑兹尔·霍奇基斯，一举获得网球男女混合赛的冠军。然而，他能参加奥运会可以说是一个奇迹。1912 年 4 月 12 日，理查德·威廉姆斯也是在南安普顿登上首航的"泰坦尼克号"的 953 名乘客当中的一员。4 月 15 日，海难发生的时候，他游到了一艘救生艇上。他的双腿已经在大西洋冰冷的海水里浸泡了好几个小时，直到他被送上用来拯救乘客的"卡柏菲亚号"上，他才得以幸存下来。过了一会儿，医生要求给他做截肢手术。由于不想放弃自己正如日中天的网球生涯，理查德·威廉姆斯拒绝了手术，从而保住了双腿。他重新

回到网球比赛中，先后获得 1914 年和 1916 年美国国际联赛的冠军，而后又获得了这枚奥运金牌。

雅罗斯拉夫·德罗布尼令人惊叹的人生轨迹

雅罗斯拉夫·德罗布尼是一名十分著名的网球运动员，他曾经于 1949 年和 1952 年两次获得温布尔登网球赛的冠军。其实雅罗斯拉夫·德罗布尼还是一位兴趣广泛、多方面涉猎的运动员。而且，他有过好多种国籍（1921 年至 1939 年、之后 1945 年至 1949 年为捷克斯洛伐克国籍；1939 年至 1945 年，因为捷克斯洛伐克被纳粹吞并，他又成了德国国籍；1949 年他以避难的身份获得瑞士国籍；1949 年至 1954 年，他又是埃及国籍，最后他成了英国国籍）。而且他不仅仅在网球场上表现耀眼，1948 年圣莫里茨冬奥会上，雅罗斯拉夫·德罗布尼还入选捷克斯洛伐克队，获得冰球比赛的银牌。

射　击
Shooting

观众被剥夺观看火炮射击比赛资格

　　1900 年巴黎奥运会举办期间正逢召开世界博览会，7 月 29 日至 8 月 19 日，火炮射击比赛在樊尚的试炮场举行。组织者恳请战争部长做一个决定，要求不能有观众去观看火炮射击比赛。这看上去是一个明智的措施，但也使组织者损失了一大笔收入（他们本打算靠卖票给观众获得 7000 法郎的收入）。1900 年 6 月的时候，他们甚至打算放弃举办这个火炮射击比赛。

活鸽射击比赛

从 1920 年开始，奥运会的开幕式上就会将鸽子放飞到空中，象征着和平。但我们在奥运会赛场上也曾看到过鸽子……事实上，1900 年巴黎奥运会上就有鸽子射击比赛，而且是活的鸽子！这场比赛在布洛涅森林内举行，比利时选手莱昂·德·伦登是一名左撇子神枪手，他以 21 发子弹射中了 21 只鸽子，获得满分，领先于法国选手莫里斯·福尔（射中 20 只鸽子）。莱昂·德·伦登并没有被视为奥运冠军，因为国际奥委会并不承认这项比赛。不过，根据那个时候这项比赛的官方叫法，这项"极具贵族气质的活鸽射击比赛

啊！好像马塞尔获得了一枚铅质奖牌！

（即 1900 年世界博览会大奖赛）"获得了巨大成功，因为有 54 名射击运动员参加了这项比赛。作为获胜奖励，莱昂·德·伦登获得了一个银质纪念章，尤其是还有一笔 20000 法郎的奖金。人们不知道这场比赛中具体有多少只鸽子被射杀，但据估计有 300 只。虽然当年并没有动物保护组织来找国际奥委会的麻烦，但奥运会官方还是决定不再使用活物当作射击目标。这届奥运会成为了历史上唯一曾杀害动物的一届。

黏土鸽子变成了"黏土喜鹊"

1908 年伦敦奥运会的黏土鸽子射击比赛被天气大大打乱了节奏。一阵强风和一场倾盆大雨中断了比赛。此外，之前射击场的设计只是为了射击运动员不要受到七月份阳光的干扰。综合了所有这些因素，当比赛重新开始的时候，夜幕降临，在昏暗的光线下，射击运动员们几乎难以看见黏土鸽子，因此部分靶子被涂成了白色。事实上，这些成了黑白色的"鸽子"就变成了"喜鹊"！此外，在这种混乱的局面下，加拿大的选手们因为分数太低提出了申诉，他们被允许第二天重新比赛。最终，加拿大选手沃尔特·尤因战绩非凡（27 分）领先，并将胜利保持到比赛的最后一天。

72 岁的奥运奖牌获得者

如今，奥运会成为了世界年轻人最大的聚会，这甚至都变成了一个口号。在一些体育项目里（如游泳、体操），极少有 20 岁以上的选手取得佳绩。不过，还有一些体育项目是可以让选手们得以长时间保持极佳状态的。无可争议，这方面的纪录保持者就是瑞典运动员奥斯卡·斯瓦恩——一名跑鹿射击专家：1908 年伦敦奥运会的时候，60 岁的他第一次获得了一些奥运奖牌，而 72 岁的时候又获得了最后一枚奥运奖牌。奥斯卡·斯瓦恩酷爱射击和狩猎，这位左撇子神枪手总是在斯堪的纳维亚的森林和草原上围捕公鹿、驼鹿、野兔、野鸭和其他野外飞禽。作为瑞典狩猎协会的成员，他入选参加 1908 年伦敦奥运会，那时候他已经 60 岁了，却在 100 米跑鹿单发射击中获得了个人赛和团体赛的两枚金牌。1912 年斯德哥尔摩奥运会上，他又在 100 米跑鹿单发射击团体赛中摘得一枚新的金牌。第一次世界大战之后，奥斯卡·斯瓦恩又出现在 1920 年安特卫普奥运会上：72 岁的他获得了双发跑鹿射击团体赛的银牌。奥斯卡·斯瓦恩本来还应该参加 1924 年巴黎奥运会，因为他也入选了国家队。不过，由于生病他最终放弃了。

多亏对手的帮助而成为奥运冠军

1920 年安特卫普奥运会上，吉赫尔梅·帕兰塞成为了第一个获得奥运会冠军的巴西人：他在手枪速射项目中摘得金牌（他还获得了手枪射击团体赛的铜牌）。此过程中发生了一段感人的故事。经过长途跋涉到达安特卫普之后，巴西的射击运动员丢失了一些体育装备，多亏美国运动员借给他们武器和弹药，他们才能够参加本届奥运会。这是一种可贵的公平竞争的体育精神。尤其值得强调的是，吉赫尔梅·帕兰塞（274 分）就是领先于美国选手雷蒙德·布莱肯（272 分）获得了胜利。

他被截肢后还成为了奥运冠军

匈牙利运动员卡罗利·塔卡克斯在 1948 年伦敦奥运会的 25 米手枪速射项目中取得胜利，之后又在 1952 年赫尔辛基奥运会上蝉联冠军。更传奇的是：他原来是一名用右手射击的运动员，但因为 1938 年的一次手榴弹爆炸，他被截除了右臂，后来不得不改用左手射击。

弄错靶位却收获了爱情的射击运动员

美国运动员马特·埃蒙斯在 2004 年雅典奥运会的 50 米步枪卧姿射击项目中获得冠军。之后他再次出现在射击场上，为的是在 50 米步枪三种姿势射击项目上再得一枚金牌。令人惊愕的是，最后一枪时还处于领先的他竟然弄错了靶位，一分未得，比赛结束后排名第八，也就是最后一名，将胜利拱手让给了因为这意外的收获而感到无比惊讶的中国选手贾占波！不过，马特·埃蒙斯并不是失去了一切：被感动的捷克女运动员卡捷琳娜·库尔科娃前来安慰他……一个爱情故事就这样开始了，2007 年两人举办了婚礼。马特·埃蒙斯还在 2008 年北京奥运会上获得了一枚银牌，2012 年伦敦奥运会上又获得了一枚铜牌。但他早已在 2004 年因为弄错靶位获得了最好的奖赏！

拔 河
Tug-of-war

一名记者偶然成为了奥运冠军

　　如果不报名参加比赛的话，极少有人能够成为奥运冠军。然而1900年巴黎奥运会上，这件事情就发生在了一名丹麦记者埃德加·艾贝的身上。本来他只是为《政治报》来报道本届奥运会的，没想到却参加了一支男女混合队，偶然赢了拔河比赛，从而成为了奥运冠军。事实上，美国队的参赛选手穿着钉鞋，来到该项目的比赛现场，他们的对手对此表示抗议。美国队便决定干脆打着赤脚比赛……接着他们便宣布弃权了，因为在没完没了的闲谈期间，他们中的三名队员去参加链球比赛了。由丹麦队和瑞典队组成的斯堪的纳维亚编队取代了美国队。为了"凑数"，埃德加·艾贝同意加入这支队伍。然而，这支临时拼凑起来的队伍竟然战胜了法国队，最终赢得了比赛。

警察的鞋子使比赛变了味

1908 年伦敦奥运会的拔河比赛上，代表英国的一支队伍采用了一种令人惊奇的战术。当时，共有五支队伍报名参加，而英国队和美国队的对决使本届奥运会的气氛到达了顶点。美国队极度渴望获得金牌，而且的确占有优势，因为在他们招募的八名壮汉中，包括了一些世界上最厉害的铅球和链球选手。大多数人都来自爱尔兰

（他们都有着"爱尔兰鲸鱼"的绰号），这大大增加了他们的胜算。里面有 1904 年和 1908 年两届奥运会铅球冠军拉尔夫·罗斯，1900年、1904 年和 1908 年三届奥运会链球冠军约翰·弗拉纳根，1908年获得链球比赛银牌、后来又在 1912 年摘得金牌、1920 年再获一枚银牌的奥运冠军马特·麦格拉思。然而，在四分之一决赛中，美国队迎战"利物浦警察队"，他们发现八名英国选手都穿着警察的鞋子，这些鞋子特别重，死死地钉在地上，完全不可能将他们撼动。美国队提出严重抗议，但评委会充耳不闻，因此他们只能决定弃权。

帆　船

Sailing

首届奥运会船类比赛由于恶劣天气而被取消

变化无常的天气有时候会限制一些体育比赛。比起夏季奥运会，这种情况冬季奥运会上更加常见，一些比赛老是被频繁推迟。1896年第一届雅典奥运会的组织者就被这反复无常的天气给捉弄了。当时，帆船比赛和划船比赛被纳入了这届奥运会的比赛项目。但是，本来打算在法莱尔湾举行的比赛都由于恶劣的天气被取消了。

竟然使用带有发动机的帆船！

1900 年 5 月 20 日，巴黎同时举办了世界博览会和奥运会。在默兰水域，正举行帆船公开类比赛，又称"荣誉赛"。比赛场面可以说得上豪华，因为人们从来没有在塞纳河上看到过这样的船队：下午一点，来自六个国家的选手操纵着 47 艘赛艇，在一记炮声中出发。画面极为壮观，众多聚集在河岸上的业余摄影师赶紧按动快门拍照，所有的观众也沉醉在美丽的景色当中。可惜的是，天气太好了，几乎没有风！只是时不时会刮起微弱的东北风。船队前进得异常艰难。人们一度觉得比赛会被取消，但是评委会决定将限定的到达时间（原本被定在下午 5 点）推迟至晚上 7 点，因为只有少数几艘赛艇在拐弯的时候，借助有利风向，看上去能够及时到达指定线。这场 11 公里环形路线的比赛结束之后，英国选手洛恩·柯里驾驶的"斯各脱亚号"在经历了 5 小时 56 分 17 秒的航行后率先冲过终点。然而，在 5 月 28 日宣布最终结果有效之前，争议四起，这也难以避免，因为这类无风的比赛中，在限定的区域内，赛艇操作起来异常艰难。不过真有两艘赛艇被比赛除名，一艘是原来的第四名、由特克西尔驾驶的"奶奶号"，另一艘是原来的第五名、由路易·奥古斯特-多勒厄伊驾驶的"卡宾枪士兵号"，因为他们"使用了一种只能用于汽车的推动装置"，也就是说，他们有一部分的航程使用了发动机！

异常冷清的帆船比赛

1920 年安特卫普奥运会的帆船比赛在奥斯坦德附近举行。一共有十六个比赛项目，但参赛者却很少。因此，1907 级别的 8 米 5 和 9 米项目被取消，因为没有船只报名。许多级别的比赛中，由于只有一艘船参赛，所以金牌轻而易举地落到了挪威队的手中。值得一提的是，只有 1907 级别的 6 米项目有三支队伍参赛。此外，奥运会的所有比赛都应该在同一个国家举行，而"小艇"类的最后两项比赛却是在荷兰举行的，因为只有两支荷兰队伍报名参赛。

"海洋夫人"的胜利

1928 年阿姆斯特丹奥运会上，担任"翼-六号"船长的法国女运动员维吉妮·赫里奥特在 8 米级别中摘得金牌。维吉妮·赫里奥特也因此成为了首位在男子队伍比赛中获得奥运冠军的女性。维吉妮·赫里奥特出生于一个富裕家庭，酷爱帆船运动，她赢过许多比赛，为了让法国帆船学校和法国的一些造船厂获得名气，她做出过很大贡献。法国海洋部长乔治·莱格称她为真正的"法国女性水手形象大使"，还把她封为海军荣誉军需官。诗人拉宾德拉纳特·泰戈尔还给维吉妮·赫里奥特取了一个外号——"海洋夫人"。1932 年，维吉妮·赫里奥特在为她的一艘帆船掌舵时晕厥过去，不幸与世长辞。

希腊国王也是奥运冠军

君士坦丁二世是希腊的第六任也是最后一任国王，虽然他一直是官方认定的王位继承人，但这位被媒体称为"老君士坦丁国王"或"格卢克斯堡先生"的人年轻的时候还是一个酷爱体育的人。

1960 年罗马奥运会的开幕式上，他是希腊的旗手，而且，在这届奥运会上，他还和他的队友奥德赛亚斯·埃斯基佐格鲁以及乔治亚斯·扎伊米斯一起获得了帆船"龙骨"项目的金牌。此外，值得一提的是，希腊这位君士坦丁二世还是一名优秀的游泳运动员以及跆拳道黑带高手。

釜山的暴风

1988 年汉城奥运会的帆船类比赛在釜山的海湾举行。多变的天气经常干扰赛艇。在 470 级别的第五段比赛中，刮起了一阵狂风，风速高达 35 节：新加坡选手陈祖儿和邵尔萧的船翻了，两人都受了伤，处境十分艰难，而且不能使船只重新浮起来。他们被正在进行"芬兰人"项目比赛的加拿大选手劳伦斯·勒米厄救了上来：他施以援手并且一直等到一艘救援船把两人接走。劳伦斯·勒米厄接着继续自己的比赛，当然完赛的时候他和前几名相差甚远。因此，评委会将他的名次重新定在了事故发生之时的排位，也就是第二名。不过，如果算上所有人的成绩，劳伦斯·勒米厄只能排在第十一位。他还是获得了一枚奖牌：国际奥委会给他颁发了"皮埃尔·德·顾拜旦奖牌"。这是创立于 1964 年的一个荣誉，用来表彰展示出伟大体育精神的运动员。

由于忘记带救生衣而被取消资格

　　加拿大运动员汉克·拉门斯有一个特点，那就是他同时参加冰球和帆船的世界级大赛。他是一名非常著名的冰球运动员，也是一名优秀的"水手"，并且参加了 1992 年巴塞罗那奥运会的帆船比赛。他角逐的是帆船"芬兰人"项目，并获得了第十三名。但他本可以取得更好的成绩，因为在其中的一轮比赛中，由于粗心大意，他被取消了资格：到达终点后，官员们检查他的船只，发现上面没有比赛必须配备的救生衣，按照规则，他被自动取消了资格。

排 球
Volleyball

排球项目的"魔鬼"

　　排球比赛于 1964 年被纳入东京奥运会比赛项目。女排比赛方面，日本队击败苏联队获得胜利。这个成绩一直被日本这个太阳东升之国视为其体育历史上最大的成功之一。应该说日本女排是由一个作风凶狠的男人大松博文训练出来的。此人曾是皇家部队的指挥官，于 1954 年接手日本女排。他命令他的女排队员们做一些堪称酷刑的准备工作：年轻姑娘们每天上了八小时班后，下午 4 点半集合训练，一直到深夜 12 点才能离开训练厅；她们元旦那天也没有权力休息，哪怕是来了例假，也不能请假。其中有一项训练叫作"翻滚接球"，就是一种类似杂技的动作，为了接球，将身体尽量在地面上伸展，这经常会让球员受伤，尤其是肩伤。这种训练方式被称为"杀人训练"，堪称酷刑。大松博文也意识到他的训练方法过于残酷，但他说明了其理由，他认为这样可以培养出一种必需的"战斗精神"，这对于战胜动作比日本球员更加标准的苏联队球员是必不可少的。虽然被叫作"魔鬼"，但大松博文从没有被他的球员指责过。这枚金牌或许是用为了国家荣誉而做出的所有牺牲换来的。

白金汉宫前身穿比基尼的球员

2012 年伦敦奥运会上，组织者决定利用一下英国首都的历史遗

迹。因此，沙滩排球赛的场地（5000 吨沙子）被搬到了位于威斯敏斯特旧城举行骑兵卫队游行的大广场上。就在白金汉宫底下，身穿比基尼的沙滩排球女选手们的表现实在大大出乎人们的意料……

最佳运动员也是最佳教练

中国运动员郎平也是历届奥运会上的传奇人物之一。1978 年，18 岁的她被选入中国女子排球队，在任球员时期，她所在的中国女排取得历史性突破，夺得了女排世界三大比赛的冠军，实现了令世人惊讶不已的"五连冠"，许多人称她为"五连冠"的头号功臣。1984 年的洛杉矶奥运会上，她所在的中国女排首次获得奥运会金牌。1995 年，她被聘为中国女排主教练。1997 年被国际排联评为年度女排"最佳教练"。在 2016 年带领中国女排在里约热内卢奥运会夺冠之后，她创造了历史，成为排球史上第一个也是唯一一个在球员时代拿过奥运金牌，执教球队又拿到奥运金牌的传奇人物。

皮埃尔·德·顾拜旦
也是奥运会冠军！

　　这些奥运冠军真够疯狂的！翻阅了这么多页，了解到了这么多的名人轶事，您一定已经发现或者重新发现了一些多姿多彩的高贵人物。尤其是一些男女运动员们，但不仅仅是他们。这些人当中最疯狂的那一个难道不是皮埃尔·德·顾拜旦本人吗？他需要足够疯狂，才能在19世纪末大胆设想，让古希腊的奥林匹克运动会重获新生。1892年，他在索邦大学第一次提出这个建议的时候，这位男爵遭到了其同伴的挖苦和嘲笑。他需要足够疯狂，才能将此事坚持到底。不过，两年后，还是在索邦大学，凭借着恒心和无与伦比的口才，他终于成功地说服了一个权威评议会听从了他的建议，并且就"在适合现代生活所需的基础上重建奥林匹克运动会"进行投票。

　　此外，还有更疯狂的一件事情。奥运会一诞生，皮埃尔·德·顾拜旦便率先庆祝这一"肌肉和精神的结合"，也就是说除体育奥运会外，他还致力于创办艺术和文学类的奥林匹克比赛（文学、建筑、雕塑、绘画和音乐）。他于 1906 年提出这个想法。1912 年斯德哥尔摩奥运会上，他终于促成了两者的结合。但事情的一切经过非常复杂：像瑞典艺术皇家学院这样的瑞典艺术机构拒绝举办这样的比赛；1911 年 2 月，斯德哥尔摩奥组委甚至决定将艺术类比赛从奥运会项目中取消。可是，皮埃尔·德·顾拜旦才不会"缴械投降"，他最终还是达成了他的目的。然而，由于之前的临时变卦以及瑞典方面的反对，参赛选手寥寥无几：只有 33 名艺术家和作家参加了这项"缪斯女神的五项全能比赛"。评委会将文学类的金牌授予了《体育颂》，这是一首九节的散文诗，文本用德语和法语双语写成，作者署名为霍罗德先生和埃施巴赫先生。这篇简短的文字突出了体育的优点：

你就是美！

你就是正义！

你就是勇气！

你就是欢乐！

你就是繁衍！

你就是进步！

但是没有人认识获奖者：霍罗德先生和埃施巴赫先生是谁啊？事实上，这里的霍罗德先生和埃施巴赫先生其实是同一个人，藏在这两个匿名下的就是皮埃尔·德·顾拜旦本人，也就是这首诗的作者，他因为不想影响到评委会评审而采取了这种匿名的方式参加了比赛。所以，皮埃尔·德·顾拜旦成为了文学类首位金牌得主……让我们就在这个有趣的故事中结束这本书吧：顾拜旦男爵在他自己的奥运会上荣获了奥运冠军！